30 x Nachhaltigkeit für 45 Minuten

Aline Kurt

Klasse 3/4

Ausgearbeitete Stunden zur Umwelterziehung

Verlag an der Ruhr

Impressum

Titel

30 x Nachhaltigkeit für 45 Minuten – Klasse 3/4.
Ausgearbeitete Stunden zur Umwelterziehung

Autorin

Aline Kurt

Umschlagmotiv

© Julia Ardaran – Shutterstock.com

Illustrationen

soweit nicht anders angegeben: © Verlag an der Ruhr;
ansonsten siehe Copyrighthinweise

Satz und Layout

Melanie Reich, ideenreich

Druck

AZ Druck und Datentechnik GmbH, Kempten, DE

Verlag an der Ruhr
Mülheim an der Ruhr
www.verlagruhr.de

Geeignet für die Klassen 3–4

ISBN 978-3-8346-4585-2

Inhaltsverzeichnis

Der Verlag an der Ruhr legt großen Wert auf eine geschlechtergerechte und inklusive Sprache. Daher nutzen wir das Gendersternchen, um sowohl männliche und weibliche als auch nichtbinäre Geschlechtsidentitäten einzuschließen. Alternativ verwenden wir neutrale Formulierungen. In Texten für Schüler*innen finden sich aus didaktischen Gründen neutrale Begriffe bzw. Doppelformen.

Vorwort

Liebe Lehrer*innen,

nicht nur der Wandel unserer Natur zeigt auf, wie dringend unsere Gesellschaft ein Umdenken benötigt. Meiner Meinung nach hat sich der Umgang der Menschen untereinander seit einiger Zeit verschärft. Menschen denunzieren einander, lassen andere Meinungen nur noch bedingt zu und distanzieren sich immer mehr voneinander. Ist es da nicht allerhöchste Zeit für mehr Nachhaltigkeit in unserem Leben?
Auch die Agenda 2030 macht auf die Dringlichkeit eines Wandels aufmerksam. Bereits im Jahr 2015 haben sich alle Mitgliedsstaaten der Vereinten Nationen für eine nachhaltige Entwicklung ausgesprochen und **17 Ziele**[1] festgelegt:

1. Keine Armut
2. Kein Hunger
3. Gesundheit und Wohlergehen
4. Hochwertige Bildung
5. Geschlechtergleichheit
6. Sauberes Wasser und Sanitäreinrichtungen
7. Bezahlbare und saubere Energie
8. Menschenwürdige Arbeit und Wirtschaftswachstum
9. Industrie, Innovation und Infrastruktur
10. Weniger Ungleichheiten
11. Nachhaltige Städte und Gemeinden
12. Nachhaltige/r Konsum und Produktion
13. Maßnahmen zum Klimaschutz
14. Leben unter Wasser
15. Leben an Land
16. Frieden, Gerechtigkeit und starke Institutionen
17. Partnerschaften zur Erreichung der Ziele

Das Wort „Nachhaltigkeit" assoziieren wir meist mit Lebensmitteln, die regional und unter strengsten Bio-Richtlinien produziert sind. Doch hinter dem Begriff verbirgt sich wesentlich mehr.

Nachhaltigkeit kann eine Lebenseinstellung sein, die sich wie ein roter Faden durch all unsere Lebensbereiche ziehen kann oder sollte, wenn wir die Welt zu einem besseren Ort für alle Lebewesen machen wollen. Deshalb greift dieses Buch einige Ziele der Agenda 2030 auf und vermittelt den Kindern in den folgenden fünf Kapiteln wichtige Aspekte der Nachhaltigkeit:

1) Rund um den Müll
2) Konsum
3) Ernährung
4) Natur und Umwelt
5) Ein gutes Miteinander

In jedem Bereich finden Sie jeweils sechs Unterrichtsstunden, die Sie unabhängig voneinander durchführen können. Hier habe ich ganz bewusst darauf geachtet, dass Sie die Themen entsprechend Ihren aktuellen Bedürfnissen auswählen können. Wie Sie es aus dieser Buchreihe gewohnt sind, enthält auch jeder Stundenentwurf einen ausführlichen Verlaufsplan, sowie alle benötigten Materialien in Form von Arbeitsblättern, Bild- und Bastelvorlagen. Mir persönlich ist eine große Methodenvielfalt immer wichtig. Auf diese Weise werden möglichst alle Lerntypen angesprochen. Deshalb habe ich darauf geachtet, Ihnen und Ihrer Klasse möglichst viel Abwechslung zu bieten.

Ich wünsche Ihnen und den Kindern von Herzen ganz viel Freude bei der Durchführung.

In herzlicher Verbundenheit
Ihre Aline Kurt

[1] vgl. www.bmz.de/de/agenda-2030 (Zugriff: 10.6.2021)

Rund um den Müll

1. Was ist Nachhaltigkeit?

Darum geht's

Diese Stunde stellt eine Art Einführungsstunde dar, um den Kindern den doch sehr abstrakten Begriff „Nachhaltigkeit" näherzubringen. Mithilfe einer kleinen Zeitreise, die in Form einer Meditation daherkommt, nehmen Sie Ihre Klasse mit auf eine Reise, um ausgewählte Aspekte der Nachhaltigkeit zu veranschaulichen. Die anschließende Bearbeitung des Arbeitsblattes dient der Festigung.

Kompetenzerwartungen

Die Kinder …

- kennen ausgewählte Aspekte der Nachhaltigkeit,
- wissen, warum Nachhaltigkeit wichtig ist.

Materialliste

- Vorlesetext „Der Nachhaltigkeit auf der Spur" (S. 7)
- Arbeitsblatt „Wer handelt nachhaltig?" (S. 8)

Das bereiten Sie vor

Kopieren Sie das Arbeitsblatt „Wer handelt nachhaltig?" für jedes Kind.

Stundenverlauf

Einstieg

Führen Sie zum Einstieg in die Thematik mit den Kindern die folgende Fantasiereise durch. Lesen Sie ihnen dazu den Text (S. 7) abschnittweise vor. Nach jedem Abschnitt machen Sie bitte eine Pause, damit die Kinder die entsprechenden Bilder vor ihrem inneren Auge erzeugen können. Aus eigener Erfahrung weiß ich, dass es nicht immer ganz einfach ist, den richtigen Zeitpunkt zum Weiterlesen zu ermitteln. Deshalb ist es ratsam, dass Sie selbst aktiv an der Fantasiereise teilnehmen.

Arbeitsphase

Sobald alle Kinder wieder im Hier und Jetzt eingetroffen sind, schreiben Sie das Wort „Nachhaltigkeit" an die Tafel. Mithilfe der folgenden Fragen gestalten Sie dazu gemeinsam mit den Kindern eine Mindmap:

- *Was bedeutete Nachhaltigkeit? Könnt ihr es mit eigenen Worten erklären?*
- *Während der Fantasiereise habt ihr verschiedene Formen der Nachhaltigkeit kennengelernt. Welche waren das? (gegenseitige Wertschätzung, wertschätzender Umgang mit Tieren, eigener Anbau von Nahrungsmitteln, Weitergabe Kleidung)*
- *Fallen euch noch eigene Beispiele für Nachhaltigkeit ein? (z. B. Müll vermeiden, Strom und Wasser sparen, Plastikmüll vermeiden, etc.)*

Verteilen Sie anschließend die Arbeitsblattkopien an die Kinder. Lassen Sie die Mindmap an der Tafel stehen. Sie dient vor allem „schwächeren" Kindern als gute Orientierungsmöglichkeit.

Abschluss

Vergleichen Sie zunächst die Ergebnisse im Plenum. Wenn Sie noch Zeit übrig haben sollten, können Sie die Stunde mithilfe der folgenden Fragen abschließen:

- *Was habt ihr heute gelernt?*
- *Wie denkt ihr jetzt über Nachhaltigkeit?*
- *Wo lebt ihr selbst schon nachhaltig?*
- *In welchen Bereichen könntet und würdet ihr noch etwas verändern?*

Der Nachhaltigkeit auf der Spur

Erwachsene reden manchmal von „Nachhaltigkeit". Vielleicht hast du das Wort auch schon einmal gehört. Damit ist gemeint, dass wir respektvoll mit unserer Umwelt und anderen Menschen umgehen. Vor 100 Jahren war das noch selbstverständlich. Heute muss man viele Leute daran erinnern. Komm, wir machen einmal einen Ausflug in die damalige Zeit. Dazu brauchen wir kein Gepäck, denn wir reisen in unserer Fantasie.

Schließe dazu deine Augen. Mache es dir auf deinem Platz so gemütlich, wie es geht. Wenn du magst, kannst du deine Arme auf dem Tisch verschränken und deinen Kopf darauf ablegen.
Atme nun mehrmals tief ein und aus. Sollten dir während unserer Reise irgendwelche anderen Gedanken in den Kopf kommen, dann schiebe sie einfach sanft beiseite. Sage ihnen: „Jetzt nicht. Ich bin gerade beschäftigt."

Und nun geht es los. Stelle dir vor, du bist in einem ganz kleinen Dorf. Alle Menschen kennen hier einander, denn alle sind hier aufgewachsen.
Du bist auf einem kleinen Bauernhof. Schaue dich hier einmal ganz in Ruhe um. Siehst du die Hühner, die herumlaufen? Höre, wie der Hahn kräht.

Auf den großen Weiden hinter dem Haus grasen glückliche Kühe. Sie heben ihren Kopf, als sie dich sehen, und begrüßen dich freudig. Sie dürfen sich hier auf der riesigen Weide frei bewegen. Sie rennen übermütig umher und sind zum Spielen aufgelegt.

Hinter der Weide ist ein großer Acker. Hier gräbt ein alter Mann Kartoffeln aus. Obwohl es schwere Arbeit ist, wirkt der Opa sehr glücklich dabei.
Im Gemüsebeet siehst du eine Frau. Sie rupft hier Unkraut.
An den Obstbäumen siehst du einige Kinder.
Sie pflücken Äpfel und Birnen. Gehe ruhig zu ihnen hin und unterhalte dich mit den Kindern.

Ist dir aufgefallen, dass ihre Kleidung nicht so modern ist? Das liegt daran, dass die Kleidung, aus der ein Kind herausgewachsen ist, einem anderen Kind weitergegeben wird. So wird nichts weggeschmissen.

Nun gehe ruhig einmal in das Bauernhaus hinein und schaue dich in aller Ruhe um.
Siehst du die alte Frau am Küchentisch sitzen?
Sie bindet gerade einen Besen aus Reisig. Das hat ihr Mann im Wald gesammelt. Die alte Dame lächelt dich an und sagt: „Mein liebes Kind. Schön, dass du hier bist. Ich habe gehört, dass du etwas über Nachhaltigkeit erfahren möchtest. Das finde ich toll, denn unsere Welt braucht das ganz dringend.
Weißt du, Nachhaltigkeit ist eine Lebenseinstellung. Sie bedeutet, dass so wenig wie möglich weggeworfen werden sollte. Es sollte auch nur das hergestellt werden, was wirklich benötigt wird, und dabei ist es wichtig, dass weder die Natur noch die Menschen ausgebeutet werden."

Wenn du magst, kannst du dich jetzt noch ein bisschen umschauen. Dann verabschiedest du dich von der alten Frau.

Komme nun zurück ins Hier und Jetzt.

Tipp

Wenn Ihre Klasse mit Fantasiereisen noch nicht vertraut sein sollte, klären Sie vorab bitte die Modalitäten, wie z. B.: Während der Fantasiereise darf nicht gesprochen werden, die anderen Kinder sollten nicht gestört werden, alle Fragen sollen nur im Geiste beantwortet werden etc.

Wer handelt nachhaltig?

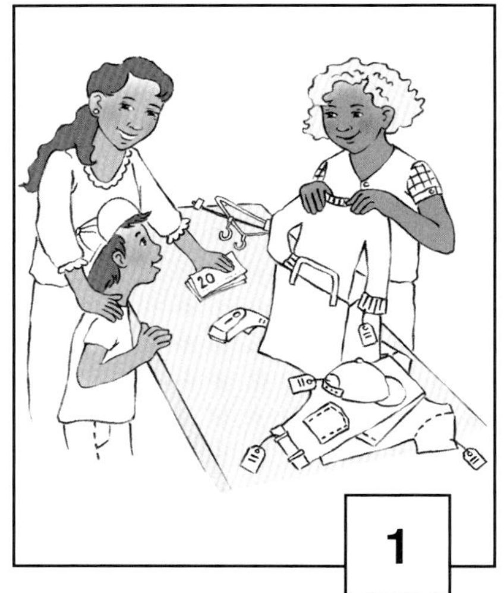

1. **Schaue dir alle Bilder an.**
   Auf welchen Bildern kannst du Nachhaltigkeit entdecken?
   Male die Bildnummer grün an.
2. **Auf welchen Bildern ist keine Nachhaltigkeit zu sehen?**
   Male die Bildnummer rot an.
3. **Warum ist bei den roten Bildnummern keine Nachhaltigkeit zu sehen?**
   Schreibe deine Begründung auf die Rückseite.

2. Was macht Plastik im Meer?

Darum geht's

In dieser Stunde dreht sich alles um Plastikmüll im Meer. Hier erfährt Ihre Klasse, wie Plastik ins Meer gelangt, und sie setzt sich mit den Folgen auseinander. Unterstützt werden die Kinder dabei von zwei Bildvorlagen und einem Arbeitsblatt.

Kompetenzerwartungen

Die Kinder …
- wissen, wie Plastikmüll ins Meer gelangt,
- kennen die Schäden, die der Müll anrichtet.

Materialliste

- Bildvorlagen „Was schwimmt denn da?" (S. 10)
- Arbeitsblätter „Plastik im Meer" (S. 11/12)
- Dokumentenkamera, Beamer, digitale Tafel o. Ä.

Das bereiten Sie vor

Das zweiseitige Arbeitsblatt „Plastik im Meer" benötigen Sie im Klassensatz. Stellen Sie das Ihnen zur Verfügung stehende Gerät bereit, um die Bildvorlagen für alle Kinder gut sichtbar an die Klassenwand zu projizieren.

Stundenverlauf

Einstieg

Kommen Sie mit den Kindern im Sitzkreis zusammen. Zeigen Sie ihnen die Bildvorlagen. Geben Sie den Kindern zunächst ausreichend Zeit, die Bilder in Ruhe zu betrachten.

Besprechen Sie sie anschließend mithilfe der folgenden Fragen:
- *Was siehst du auf den Bildern?*
- *Was ist das für ein Wasser?*
- *Was schwimmt dort?*
- *Denkst du, dass das Plastik dort jemanden im Meer stören könnte?*
- *Wie fühlst du dich, wenn du die Bilder anschaust?*
- *Wo kommt der Plastikmüll wohl her?*

Lassen Sie dabei alle Antworten der Kinder völlig wertungsfrei stehen. Hier geht es zunächst einmal darum, die Klasse für die Thematik zu sensibilisieren.

Arbeitsphase

Verteilen Sie dann das zweiseitige Arbeitsblatt „Plastik im Meer" an die Kinder. Die Gruppe liest zunächst den Informationstext, bevor jedes Kind die Arbeitsaufträge eigenständig durchführt.

Abschluss

Vergleichen Sie abschließend die Arbeitsergebnisse im Plenum.

Was schwimmt denn da?

© Mr.anaked – stock.adobe.com

© WP-4289 – Shutterstock.com

Plastik im Meer (1/2)

Im Meer schwimmt einiges, das dort nicht hingehört. Unser Plastikmüll hat im Meer nichts verloren. Großen Plastikmüll, wie Flaschen, kannst du sogar mit bloßem Auge sehen. Dort verschmutzt er das Meer.

Für die Fische, Wale und Delfine kann der Müll sogar richtig gefährlich werden. Wenn Wale auf Fischfang gehen, öffnen sie ihr riesiges Maul. Dabei gelangt ganz viel Wasser hinein, leider aber auch Plastikmüll. Plastik zersetzt sich aber nicht so schnell wie anderer Müll. Essensreste zum Beispiel lösen sich im Wasser auf. Beim Plastik ist das nicht der Fall. So haben dann die armen Meeresbewohner das Plastik für alle Zeit im Magen.

Der Wind und die Wellen spülen den Plastikmüll übrigens auch auf Inseln. Selbst wenn dort niemand wohnt, liegt am Strand sehr viel Plastikmüll herum. Schildkröten verwechseln Plastiktüten übrigens ganz oft mit Quallen und fressen sie auf.

Aber wie kommt Plastik eigentlich ins Meer?

Viele Leute werfen ihren Müll einfach in die Natur. Ist ein Bach oder ein Fluss in der Nähe, so kann es passieren, dass der Wind oder auch der Regen den Plastikmüll in den Bach oder Fluss spült. Von dort aus tritt der Müll seine lange Reise ins Meer an.

In vielen Ländern sind die Mülldeponien in der Nähe des Meeres. Weht dann ein starker Wind, kann er das Plastik ins Meer tragen.

Oft werfen auch Menschen auf Schiffen ihren Müll einfach ins Meer.

1. Warum ist Plastik im Meer so gefährlich?

....

....

....

2. Wie kommt Plastik ins Meer?
Trage den Weg in der Karte auf der zweiten Seite ein.

3. Beschreibe den Weg mit eigenen Worten.
Benutze dazu die freien Felder.

Plastik im Meer (2/2)

3. So viel Plastik

Darum geht's

In unserem Leben sind wir von allerhand Plastik umgeben. Wenn Sie sich jetzt einmal im Raum umschauen, fallen Ihnen mindestens drei Gegenstände aus Plastik ins Auge. Meist haben wir uns schon so sehr an diesen unnatürlichen Stoff gewöhnt, dass uns die Menge an Plastik gar nicht weiter auffällt. Zugebenermaßen ist Plastik auch ein sehr praktischer Stoff, der durch seine Langlebigkeit und Widerstandsfähigkeit besticht. Doch genau dies kann, wie die Kinder in Stunde 2 bereits erfahren haben, auch zum Problem werden. Die Kinder erkunden die Menge an Plastik im Alltag. Zum Einstieg aktivieren die Kinder mithilfe des Schnittkreises (S. 14) ihr Vorwissen, bevor sie dieses mithilfe des Arbeitsblattes (S. 15) erweitern, um abschließend ein Plakat zur Müllvermeidung zu gestalten.

Kompetenzerwartungen

Die Kinder ...
- kennen Gegenstände aus Plastik,
- überlegen, wie Plastikmüll vermieden werden kann.

Materialliste

- Arbeitsblatt „Das besteht aus Plastik" (S. 14)
- Arbeitsblatt „Dem Plastik auf der Spur" (S. 15)
- Plakatpappe und Stifte

Das bereiten Sie vor

Kopieren Sie das Arbeitsblatt „Das besteht aus Plastik" ggf. auf DIN A3 und im halben Klassensatz, das Arbeitsblatt „Dem Plastik auf der Spur" in DIN A4 für jedes Kind.

Zeigen Sie den Kindern einige Gegenstände aus Plastik oder begeben Sie sich gemeinsam im Klassenraum auf Spurensuche.

Stundenverlauf

Einstieg

Bitten Sie die Kinder, Paare zu bilden. Jedes 2er-Team erhält nun das Arbeitsblatt „Das besteht aus Plastik". Gehen Sie die Arbeitsanweisungen zunächst gemeinsam durch. Sobald allen Kindern die Aufgabenstellung klar ist, können sie sich ans Werk machen. Geben Sie ihnen dazu ausreichend Zeit, bevor Sie die Ideen der Kinder gemeinsam im Plenum sichten.

Arbeitsphase

Verteilen Sie die Arbeitsblattkopien „Dem Plastik auf der Spur" an die Kinder. Die Kinder betrachten hier das mitgelieferte Bild und sichten darauf alle Dinge, die aus Plastik bestehen. Anschließend überlegen die Kinder, welche Sachen auch aus anderen Materialien hergestellt werden, und identifizieren den Plastikmüll.

Abschluss

Vergleichen Sie zunächst mit den Kindern die Arbeitsergebnisse. Kommen Sie anschließend gemeinsam im Sitzkreis zusammen und gestalten Sie hier mit den Kindern ein Plakat. Halten Sie darauf fest, wie sie gemeinsam Plastik vermeiden können.
(keine Plastiktüten verwenden, Milchprodukte im Glas kaufen, Plastikspielsachen verschenken, anstatt sie weg zu werfen, etc.). Dazu eignet sich z. B. die Überschrift: „So vermeiden wir Plastikmüll". Selbstverständlich können Sie an dieser Stelle auch eine eigene Überschrift wählen.

Das besteht aus Plastik

1. **Arbeitet zu zweit. Jedes Kind sucht sich einen Kreis aus. Tragt eure Namen ein.**
2. **Wasserflaschen und Joghurtbecher sind oft aus Plastik hergestellt. Wofür wird Plastik noch verwendet? Trage deine Ideen in deine Schnittkreishälfte ein.**
3. **Vergleicht anschließend eure Ergebnisse. Tragt alle gemeinsamen Ideen in das graue Feld in der Mitte ein.**

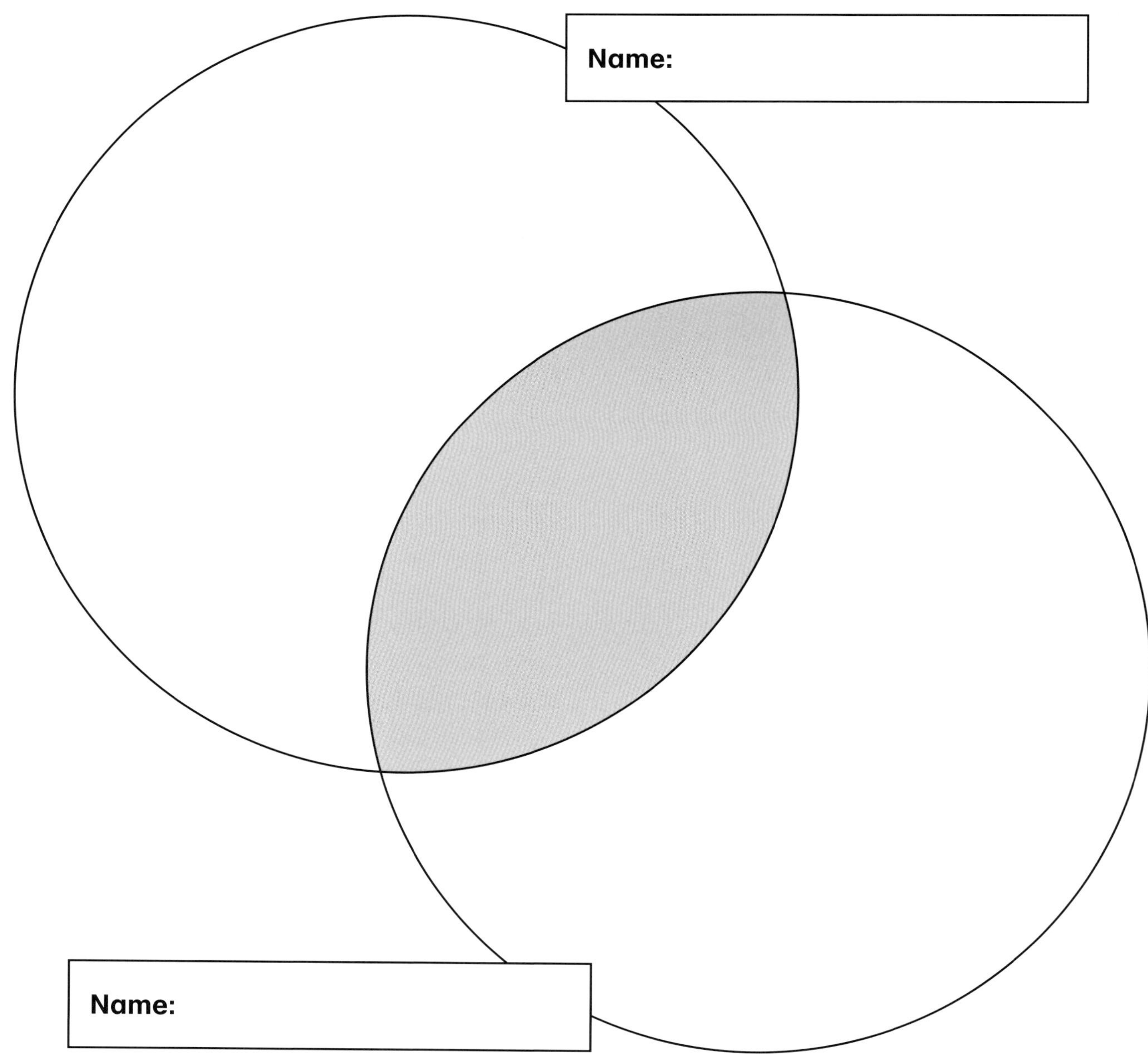

Dem Plastik auf der Spur

Vieles in deinem Leben ist aus Plastik. Hättest du das gedacht?

1. **Sieh dich in dem Haus um. Was ist alles aus Plastik? Kreise ein.**
2. **Welche Sachen könntest du auch aus anderen Materialien, zum Beispiel aus Holz, kaufen? Male sie grün an.**

3. **Wo könnte man Plastikmüll im Haushalt vermeiden? Schreibe auf.**

....

....

....

....

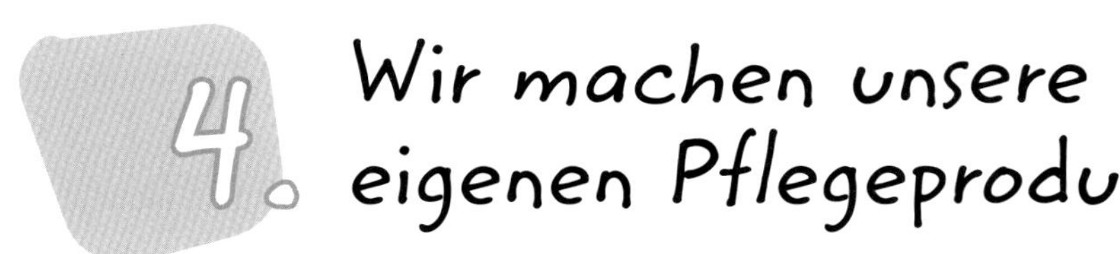

Wir machen unsere eigenen Pflegeprodukte

Darum geht's

In dieser Stunde werden die Kinder selbst aktiv, indem Sie Duschgel, Shampoo und Creme herstellen. Dadurch schonen die Kinder nicht nur die Umwelt, sondern tun auch gleich noch ihrem Körper etwas Gutes. Die meisten fertigen Pflegeprodukte enthalten nämlich eine Vielzahl chemischer Substanzen sowie Mikroplastik. Vor allem das Mikroplastik reichert sich im Laufe der Zeit in unseren Gewässern und Meeren an. Dort wird es von Fischen und Meeressäugern aufgenommen und gelangt über den Verzehr in den menschlichen Körper.

Mir ist natürlich bewusst, dass die lange Materialliste auf den ersten Blick abschreckend wirken kann. Doch lassen Sie sich versichern: Sie werden den Aufwand nicht bereuen!

Kompetenzerwartungen

Die Kinder ...

- kennen die Bedeutung von Mikroplastik in Pflegeprodukten,
- können selbstständig Duschgel, Shampoo und Creme herstellen.

Materialliste

- Elternbrief „Wir werden aktiv und schützen unsere Umwelt" (S. 18)
- Anleitung „Wir machen Creme" (S. 19)
- Anleitung „Wir machen Shampoo und Duschgel" (S. 20)
- Zutaten (siehe Rezepte S. 19/20)
- Waage, Schneebesen, Topf, Herdplatte, Küchenreibe, Trichter

Für jedes Kind:

- 1 leere Shampooflasche
- 1 leere Duschgelflasche
- 1 leere Cremedose o. Ä.
- 1 Löffel
- 1 Schüssel

Das bereiten Sie vor

Kopieren Sie den Elternbrief ca. zwei Wochen vor Durchführung der Stunde und verteilen Sie die Kopien an die Kinder. Sammeln Sie alle eingehenden Behältnisse und Seifenreste.

Kopieren Sie die beiden Anleitungen (S. 19/20) für jedes Kind.

Für die Herstellung der Creme:
Besorgen Sie das Olivenöl und Lanolin im Vorfeld. Pro Kind benötigen Sie 30 ml Olivenöl und 20 g Lanolin. Sie benötigen außerdem einen Schneebesen, eine Waage, einen Topf und eine Herdplatte. Sollten Sie diese Gegenstände im Schulgebäude nicht zur Verfügung haben, bitten Sie ggf. die Eltern um Mithilfe.

Für die Herstellung des Shampoos:
Kaufen Sie die Kamillentinktur, die Kernseife und das destillierte Wasser. Besorgen Sie außerdem eine Küchenreibe und einen Trichter.

Um Shampoo herstellen zu können, müssen Sie die Kernseife später mit den Kindern raspeln. Wenn Ihnen dies zu umständlich ist, können Sie stattdessen auch fertige Seifenflocken verwenden. Achten Sie hier jedoch bitte auf die darin enthaltenen Zutaten.

Für die Herstellung des Duschgels:
Im Grunde genommen, benötigen Sie für die Herstellung die Zutaten, die Sie bereits für die Creme und das Shampoo brauchen. Besorgen Sie darüber hinaus bitte noch Schafmilchseife und Speisestärke.

4. Wir machen unsere eigenen Pflegeprodukte

Stundenverlauf

Einstieg

Betrachten Sie zunächst gemeinsam mit den Kindern die mitgebrachten Shampooflaschen, Cremedosen und Duschgelflaschen.

Fragen Sie die Kinder:

- *Was steht auf euren Verpackungen?*
- *Schaut euch mal die Inhaltsstoffe auf der Rückseite an. Kennt ihr eines der Wörter?*
- *Was glaubt ihr: Sind die Sachen gut für eure Haut?*

Gut zu wissen

Nicht immer können wir Plastik um uns herum sehen. Sogenanntes „Mikroplastik" etwa ist für unser menschliches Auge nicht erkennbar. Dennoch steckt es in vielen Körper- und Haarpflegemitteln. Aber auch durch Waschen unserer Anziehsachen gelangen winzige Kunststofffasern ins Abwasser bzw. ins Meer.

Unter dem Begriff „Mikroplastik" vereinen sich unlösliche Kunststoffe, auf denen sich Umweltgifte aus der Umgebung anreichern. Werden die winzigen Teilchen von Seehunden, Fischen etc. verschluckt, so kann dies zu schweren Entzündungen bis hin zum Tod führen.

Arbeitsphase

Teilen Sie den Kindern die Anleitung „Wir machen Creme" (S. 19) aus. Lesen Sie zunächst den kurzen Text gemeinsam, bevor Sie mit allen Kindern die Creme herstellen.

Achten Sie darauf, dass die Kinder ausreichend Abstand zur Kochplatte einhalten, damit dort kein Gerangel entsteht.

Füllen Sie die Creme in die Dosen der Kinder, so lange sie noch warm ist. Nach dem Erkalten wird die Creme relativ schnell fest.

Während die Creme erkaltet, bereiten Sie mit Ihrer Klasse das Shampoo und das Duschgel zu. Füllen Sie auch diese beiden Pflegeprodukte für jedes Kind ab.

In den drei Anleitungen finden Sie stets die Zutatenmenge pro Kind. Multiplizieren Sie diese jeweils mit der Anzahl aller Schülerinnen und Schüler, um die Gesamtmenge zu erfahren.

Abschluss

Nachdem die Kinder den Klassenraum wieder in seinen Ursprungszustand gebracht haben, erzählen Sie ihnen noch kurz etwas zur Verwendung und Aufbewahrung der Pflegeprodukte. Da Creme, Duschgel und Shampoo keine Konservierungsstoffe enthalten, müssen sie relativ zügig verbraucht werden. Um die Haltbarkeit zu verlängern, sollten das Shampoo und das Duschgel im Kühlschrank aufbewahrt werden.

Sollten Sie noch Zeit übrig haben, können sich die Kinder noch zu folgenden Fragen äußern:

- *Wie hat dir unsere Stunde heute gefallen?*
- *Was mochtest du besonders?*
- *Was hat dir nicht so gut gefallen?*
- *Was denkst du über deine Creme, dein Shampoo, dein Duschgel?*

Wir werden aktiv und schützen unsere Umwelt

Datum: ....

Liebe Eltern der Klasse ....,

viele unserer Pflegeprodukte enthalten unter anderem auch schädliche Substanzen.
Diese schaden nicht nur unserer Umwelt, sondern auch der Haut.
Deshalb möchte ich mit Ihren Kindern demnächst unser eigenes Shampoo, Duschgel und eine Creme aus natürlichen Zutaten herstellen.

Um den Aspekt der Nachhaltigkeit zu berücksichtigen, benötigen wir dafür diese Materialien:

- leere Cremedosen oder andere kleine Döschen
- leere Shampooflaschen
- leere Duschgelflaschen

Bitte sammeln Sie die Materialien in der nächsten Zeit.

Zur Herstellung der Pflegeprodukte benötigt Ihr Kind außerdem:

- 1 Löffel
- 1 Schüssel

Für die Herstellung der Creme kommt ein Kostenbeitrag in Höhe von .... Euro auf Sie zu.

Im Sinne der Nachhaltigkeit kommen bei uns nur natürliche Zutaten in die Dose.

Sollte Ihr Kind an Allergien oder Unverträglichkeiten leiden, teilen Sie mir dies bitte rechtzeitig mit.

Bitte geben Sie Ihrem Kind alle benötigten Materialien sowie den Kostenbeitrag bis zum .... mit.

Herzliche Grüße

Wir machen Creme

In vielen Cremes sind Sachen enthalten, die deiner Haut schaden können. Diese Stoffe sind außerdem schädlich für die Umwelt.

Wenn du dich wäschst, gelangen sie ins Abwasser. Du weißt vielleicht, dass das Abwasser gereinigt wird. Doch Stoffe wie Mikroplastik sind so winzig, dass sie nicht herausgewaschen werden können.

Sie gelangen ins Grundwasser, in die Flüsse, Seen und in das Meer. Dort schaden die winzigen Plastikteilchen der Natur und den Tieren.

Aber was kannst du dagegen tun?
Du kannst deine Creme selbst machen.

Wie das geht, erfährst du jetzt!

Deine Creme

Du brauchst:
- ➔ 30 ml Olivenöl
- ➔ 20 g Lanolin

außerdem:
- ➔ Herdplatte
- ➔ Kochtopf
- ➔ Schneebesen

So geht es:
Gib das Olivenöl zusammen mit dem Lanolin in einen Topf.

Erhitze alles bei geringer Temperatur, bis das Lanolin geschmolzen ist.

Rühre mit dem Schneebesen gut um.
Fülle die Creme in Dosen.

Nach dem Abkühlen wird die Creme fest.

Schon gewusst?
Lanolin ist ein Naturprodukt.
Es ist das Fett aus der Schafswolle.
Es schützt die Tiere vor der Nässe.
Und deine Haut pflegt es ganz wunderbar.

Wir machen Shampoo und Duschgel

Dein Shampoo

Ihr braucht:
- ➔ 10 g Kernseife
- ➔ 150 ml destilliertes Wasser
- ➔ 5–10 ml Kamillentinktur

außerdem:
- ➔ Küchenreibe
- ➔ Topf
- ➔ Herdplatte
- ➔ Schneebesen
- ➔ Trichter

So geht es:
Reibe die Kernseife mit der Küchenreibe in grobe Stücke.

Gib das destillierte Wasser in den Topf und erhitze es.

Füge die Kernseife-Flocken hinzu und löse sie darin auf.

Zum Schluss gibst du noch die Kamillentinktur zu der Mischung.

Rühre alles gut um.
Fülle es in deine Flasche.

Dein Duschgel

Ihr braucht:
- ➔ 20 g Schafmilchseife
- ➔ 200 ml Wasser
- ➔ 1 EL Olivenöl
- ➔ 2–3 TL Speisestärke

außerdem:
- ➔ Küchenreibe
- ➔ Topf
- ➔ Schneebesen

So geht es:
Raspele die Seife mit der Küchenreibe.
Erhitze das Wasser auf dem Herd.
Gib anschließend die Seifenstücke hinzu.

Wenn sich die Seifenflocken aufgelöst haben, gibst du das Öl und die Speisestärke hinzu.

Rühre alles gut um und fülle das Duschgel in deine Flasche.

5. Müll richtig trennen

Darum geht's

In dieser Stunde dreht sich alles um den Müll.
Die Kinder setzen sich mit den unterschiedlichen Mülltonnen auseinander und lernen, den Abfall richtig zu sortieren. Dies gelingt mithilfe eines Lesetextes.
Da handlungsorientierter Unterricht stets nachhaltigen Lernzuwachs garantiert, dürfen die Kinder ihr neues Wissen auch gleich anwenden, indem sie Müll-Bilder in selbst gebastelte Mülltonnen sortieren.

Kompetenzerwartungen

Die Kinder …
- kennen die unterschiedlichen Mülltonnen,
- können Abfall trennen.

Materialliste

- Arbeitsblatt „Müll trennen" (S. 22)
- Bastelanleitung „Wir basteln eine Mülltonne" (S. 23)
- Bastelvorlage „Wir basteln eine Mülltonne" (S. 24)
- Bildvorlagen „Wohin mit dem Müll?" (S. 25/26)

Für jede 4er-Gruppe:
- 4 Bogen bunter Tonkarton (in den Farben ihrer regionalen Mülltonnen)
- 1 Klebestift
- 1 Schere

Das bereiten Sie vor

Kopieren Sie das Arbeitsblatt (S. 22) für jedes Kind. Die Bastelanleitung (S. 23) benötigen Sie im halben Klassensatz. Jede Gruppe benötigt die zweiseitigen Bildvorlagen (S. 25/26). Die Bastelvorlage (S. 24) kopieren Sie bitte im Klassensatz.

Stundenverlauf

Einstieg

Verteilen Sie die Arbeitsblätter an die Kinder. Lesen Sie den Text gemeinsam. Die folgenden Fragen helfen Ihnen dabei, im Anschluss das Textverständnis der Kinder zu überprüfen:
- *Wie viele Mülltonnen gibt es?*
- *Weißt du noch, wie sie heißen?*
- *Welche Farbe hat die Biomüll-, Restmüll- und Papiertonne?*
- *Was gehört alles in die Biomüll-, Restmüll- und Papiertonne?*
- *Was gehört in die gelbe Tonne?*

Arbeitsphase

Bitten Sie die Kinder, 4er-Gruppen zu bilden. Sitzen die Kinder bereits an Gruppentischen zusammen, so kann diese Einteilung selbstverständlich beibehalten werden. Jede Gruppe erhält nun die Bastelanleitung (S. 23), die zugehörigen Bildvorlagen (S. 25/26) und vier Kopien der Bastelvorlage (S. 24). Gemäß der Anleitung basteln die Kinder je eine Mülltonne und sortieren anschließend die ausgeschnittenen Müll-Abbildungen richtig ein.

Abschluss

Spielen Sie abschließend ein Spiel mit Ihrer Klasse. Kommen Sie dazu alle im Sitzkreis zusammen. Teilen Sie die Kinder in zwei möglichst gleichgroße Gruppen ein. Jede Gruppe erhält vier gebastelte Mülltonnen und jeweils einen Satz der Bildvorlagen (Müll-Abbildungen aus der Arbeitsphase). Die Gruppe, die zuerst alle Müll-Bilder richtig einsortieren konnte, hat gewonnen.

Müll trennen

Bestimmt weißt du schon, dass es unterschiedlichen Müll gibt.
Es gibt: Papiermüll, Biomüll, Verpackungsmüll und Restmüll.

Für jede Müllart gibt es eine eigene Tonne.
Die Farbe der Tonnen ist nicht in allen Orten gleich.
Dafür ist aber klar geregelt, was in welche Tonne gehört.

Male die Mülltonnen farblich so an, wie sie in deiner Stadt aussehen.

In die **Papiermülltonne** kommt alles aus Papier. Hier hinein gehören alte Zeitungen und Zeitschriften. Auch alte Schulhefte und Schreibpapier darfst du hier entsorgen.

In die **Biomülltonne** kommt alles, was wieder zu Erde werden kann. Das sind zum Beispiel Gartenabfälle, aber auch Obst- und Gemüseabfälle, Essensreste und Kaffee- und Teefilter.

In die **gelbe Tonne** oder in den **gelben Sack** kommen alle Verpackungen aus Kunststoff.
Du kannst darin beispielsweise Getränkekartons, Konservendosen, Joghurtbecher und Styroporverpackungen entsorgen.
In manchen Gemeinden gibt es keine gelbe Tonne. Dort gibt es **Wertstofftonnen**. Dort darfst du auch Plastikschüsseln und alte Zahnbürsten entsorgen.

In die **Restmülltonne** gehört alles andere:
Hier kommen zum Beispiel benutzte Taschentücher und Windeln hinein. Aber auch verschmutzte Stoffreste oder ausgetrocknete Filzstifte gehören hier hinein.
Gibt es bei euch keine Wertstofftonnen, musst du deine alte Zahnbürste in den Restmüll werfen.

Wir basteln eine Mülltonne (1/2)

Müll zu sortieren, fällt selbst vielen Erwachsenen noch schwer. Umso wichtiger ist es, dass ihr ihnen zeigen könnt, wie es geht! Dazu müsst ihr natürlich erst einmal ein bisschen üben. Das geht mit selbst gebastelten Mülltonnen am besten.

Mülltonne

Ihr braucht:

➔ Bastelvorlage von S. 24 (4 Stück)
➔ 4 Bogen bunter Tonkarton
➔ Klebestifte
➔ Scheren

So geht es:

Findet euch zu viert zusammen.

Jede und jeder von euch vieren bastelt nun eine Mülltonne.
Einigt euch darauf, wer welche Tonne bastelt.

Tragt eure Namen und eure Tonkartonfarbe in die Tabelle ein:

Was?	Wer?	Tonkartonfarbe
Papiermülltonne		
Biomülltonne		
Gelbe Tonne/Wertstofftonne		
Restmülltonne		

Jede und jeder nimmt sich einen Tonkarton in der passenden Farbe.

Klebt darauf eure Bastelvorlage und schneidet sie an der gestrichelten Linie aus.
Knickt die Vorlage dann an den gepunkteten Linien.
Klebt anschließend die Tonne an den Klebeflächen zusammen.

Schneidet nun die Müll-Kärtchen von S. 25 und 26 aus.

Überlegt euch gemeinsam, in welche Tonne der Müll gehört, und werft ihn dort hinein.

Wir basteln eine Mülltonne (2/2)

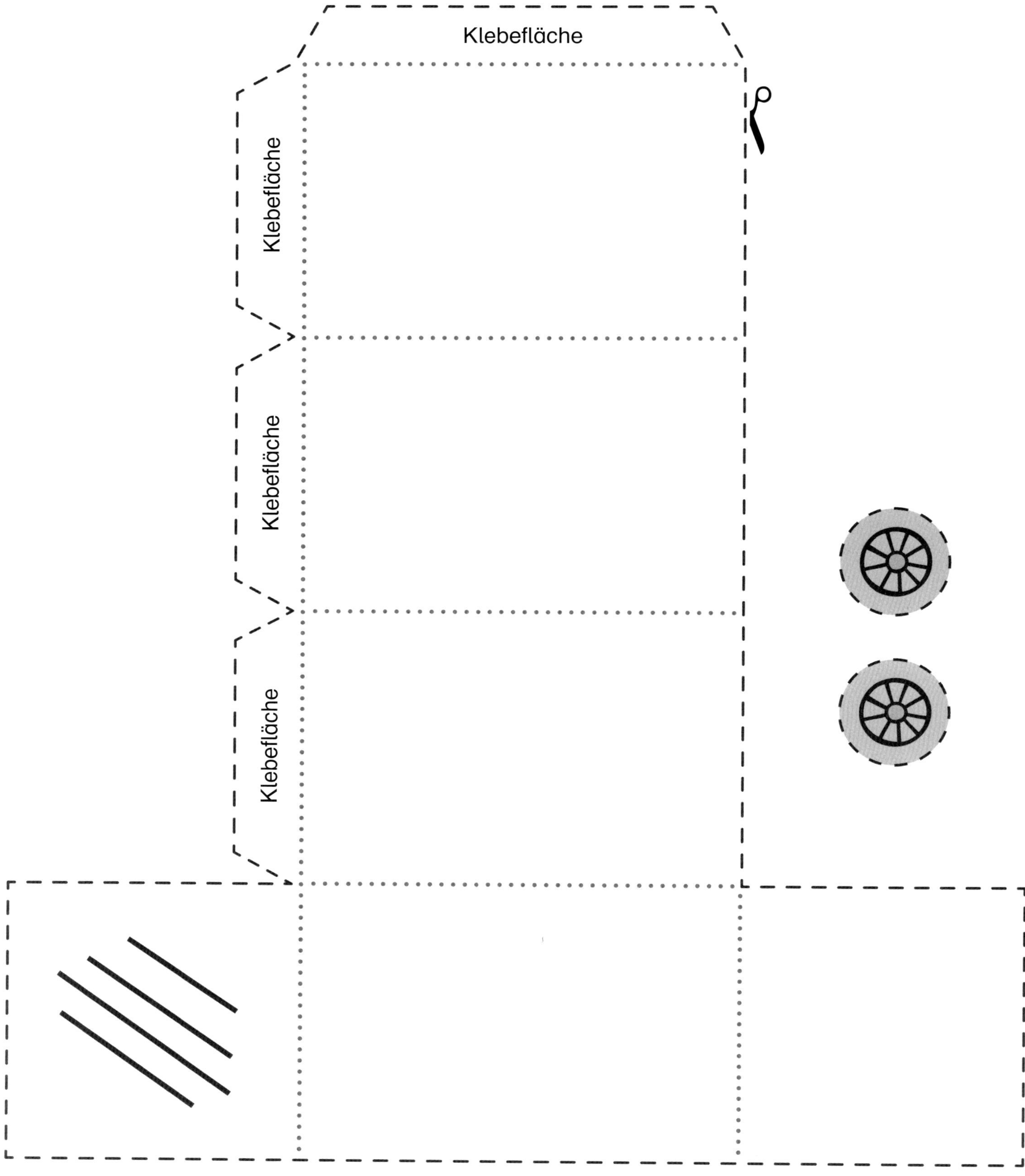

Wohin mit dem Müll? (1/2)

leerer Joghurtbecher	leerer Milchkarton	Bonbonpapier
kaputte Plastiktüte	leere Klopapierrolle	leerer Karton
alter Briefumschlag	beschriftetes Blatt Papier	Apfelrest
Essensreste	Bananenschale	alter Teebeutel

Wohin mit dem Müll? (2/2)

leeres Saftpäckchen	leere Wasserflasche	altes Netz für Orangen
Eierschale	alte Zahnbürste	gebrauchtes Taschentuch
Kartoffelschale	Käseverpackung	kaputter Socken
zerbrochene Tasse	Styropor-verpackung	alte Zeitschrift

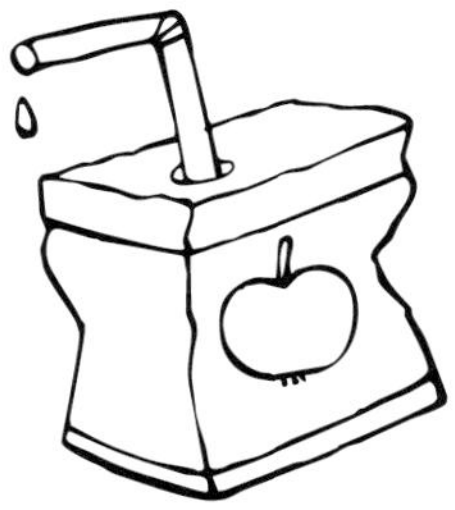

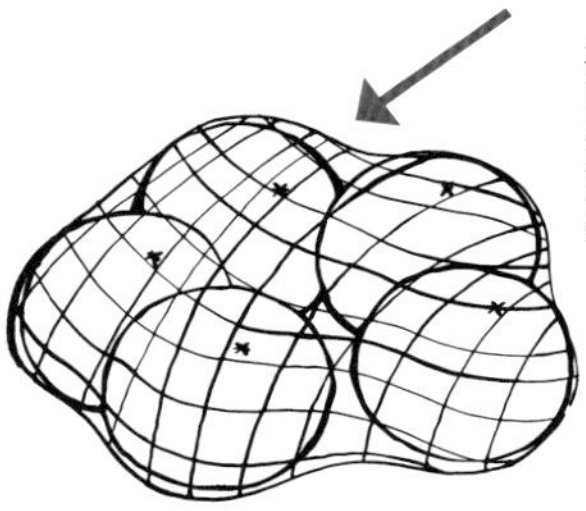

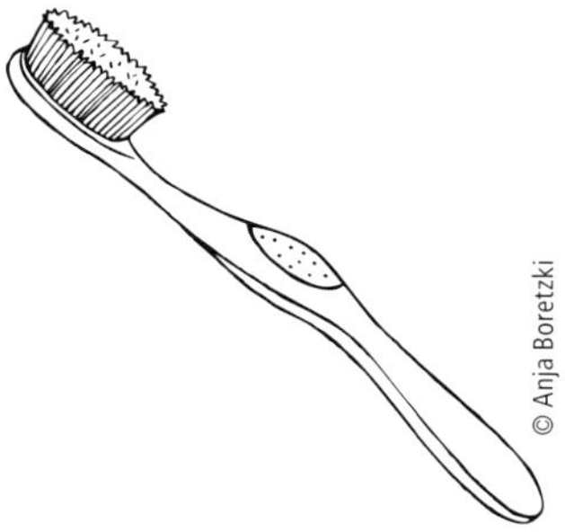

© Anja Boretzki © Anja Boretzki © Anja Boretzki © Anja Boretzki © Anja Boretzki © Anja Boretzki © Anja Boretzki © Anja Boretzki © Anja Boretzki © Anja Boretzki © Anja Boretzki

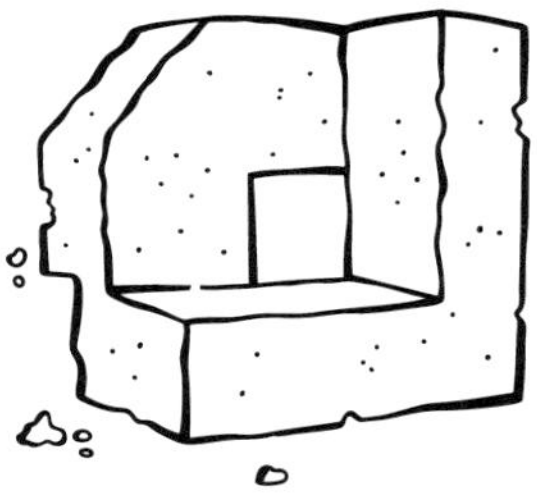

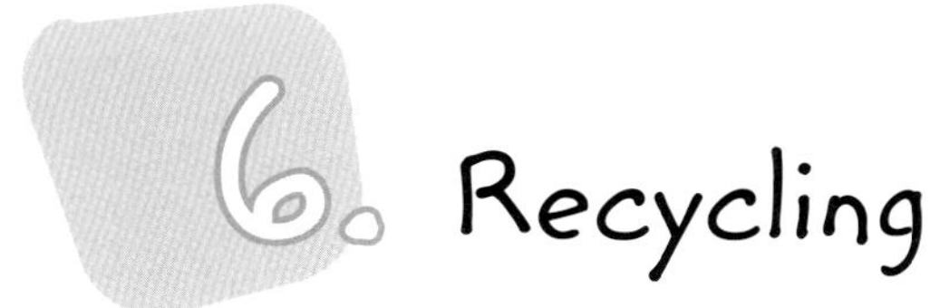

6. Recycling

Darum geht's

In dieser Unterrichtsstunde beschäftigt sich Ihre Klasse mit dem Thema „Recycling". Die Kinder tauschen sich zunächst mithilfe von Sprechtalern über ihr Vorwissen aus und stellen Mutmaßungen an, bevor sie mit einem Lesetext tiefer in die Materie einsteigen. Wenn noch genügend Zeit zur Verfügung steht, dürfen sich die Kinder abschließend selbst im Recycling probieren, indem sie Papier schöpfen. Für dieses Zusatzangebot sollten Sie ggf. eine weitere Schulstunde einplanen!

Kompetenzerwartungen

Die Kinder …

- wissen, was sich hinter dem Begriff „Recycling" verbirgt,
- kennen Beispiele des Recyclings,
- wissen, wie das Recyclingsymbol aussieht,
- schöpfen ggf. selbst Papier.

Materialliste

- Kopiervorlage „Sprechtaler" (S. 29)
- Lesetext „Was ist Recycling?" (S. 30)
- Schere
- Gegenstände (Hefte, Kartons etc.), auf denen das Recyclingsymbol zu sehen ist

Für die Zusatzaktion „Papierschöpfen":

- 4 Bilderrahmen
- 4 feinmaschige Drahtgitter in der Größe der Bilderrahmen
- 2 Schüsseln (eine davon so groß, dass die Bilderrahmen hineinpassen)
- 1 Rolle Backpapier
- alte Tageszeitungen
- einfarbige Tonpapierreste
- Pürierstab

Das bereiten Sie vor

Kopieren Sie die Sprechtalervorlage für jede 4er-Gruppe. Den Lesetext „Was ist Recycling?" benötigen Sie für jedes Kind. Halten Sie die Gegenstände mit dem Recyclingsymbol bereit.

Stundenverlauf

Einstieg

Teilen Sie die Kinder in 4er-Gruppen ein. Jede Gruppe erhält eine Sprechtalervorlage. Die Kinder teilen die Vorlage zunächst an den Markierungslinien in vier Teile. Während jedes Kind seine Sprechtaler mit identischem Motiv ausschneidet, schreiben Sie diese Fragen an die Tafel:

- *Warum trennen wir Müll?*
- *Was passiert mit dem Müll, nachdem du ihn weggeworfen hast?*
- *Schaue dir die Motive auf deinen Sprechtalern an. Was glaubst du, passiert mit diesem Müll?*
- *Was könnte man mit dem Müll noch anfangen?*
- *Hast du das Wort „Recycling" schon gehört? Was könnte das sein?*

Sobald alle Kinder ihre Taler ausgeschnitten haben, klären Sie gemeinsam die Modalitäten, bevor die Gruppen eigenständig agieren. Bei der Talkingchip-Methode (Sprechtaler) äußern sich die Kinder zu den oben genannten Fragen mithilfe ihrer Sprechtaler. Ein Gruppenmitglied startet, indem es einen seiner Taler in die Mitte des Tisches legt und sich zur ersten Frage äußert. Dann darf das nächste Kind eine Idee nennen. Wer nichts sagen möchte, legt trotzdem einen Taler ab. Die Kinder verfahren auf diese Weise, bis alle zwölf Taler in der Mitte liegen. Anschließend werden die Sprechtaler wieder an ihre Besitzer*innen zurückgegeben und die Kinder besprechen die nächste Frage auf diese Weise.

6. Recycling

Arbeitsphase

Teilen Sie jedem Kind eine Kopie des Lesetextes aus. Lesen Sie den Text gemeinsam im Plenum. Besprechen Sie anschließend mit den Kindern die folgenden Fragen:

- *Was heißt Recycling?*
- *Wie wird Restmüll recycelt?*
- *Was geschieht mit dem Papiermüll?*
- *Was gehört alles zum Altglas?*
- *Hast du schon Glascontainer gesehen? Wie sehen sie aus?*
- *Was wird aus* Altglas gemacht?

Alternativ können die Kinder die Fragen auch in Kleingruppen klären. Dazu können analog zur Einstiegsphase ebenfalls die Sprechtaler genutzt werden.

Abschluss

Zum Schluss dürfen die Kinder, falls es Ihre Zeitplanung zulässt, selbst aktiv werden und Papier schöpfen. Reißen Sie dazu gemeinsam die alten Zeitungen und Tonpapierreste in kleine Stücke. Geben Sie diese in eine große Schüssel. Füllen Sie anschließend ausreichend warmes Wasser hinzu, bis alles gut bedeckt ist. Nun muss die Mischung ca. eine Schulstunde lang ziehen.

Anschließend wird die Masse mit dem Pürierstab fein püriert.

Entfernen Sie die Glasscheiben aus den Bilderrahmen und setzen Sie stattdessen die Drahtgitter ein.

Schütten Sie die pürierte Masse in die zweite mit etwas Wasser gefüllte Schüssel. Die Masse sollte nach dem Umrühren die Konsistenz von Buttermilch haben.

Nun dürfen die Kinder den umfunktionierten Bilderrahmen in die neue Mischung eintauchen und vorsichtig in der Waagerechten herausziehen. Nachdem das überschüssige Wasser einige Minuten lang abtropfen durfte, lösen die Kinder das Drahtgitter vorsichtig aus dem Rahmen. Die Papiermasse wird nun vorsichtig mit der Drahtgitterseite nach oben auf das Backpapier gelegt und das Drahtgitter vorsichtig abgezogen.

Jetzt muss das Papier nur noch ca. einen Tag trocknen, bevor es einsatzbereit ist.

Sprechtaler

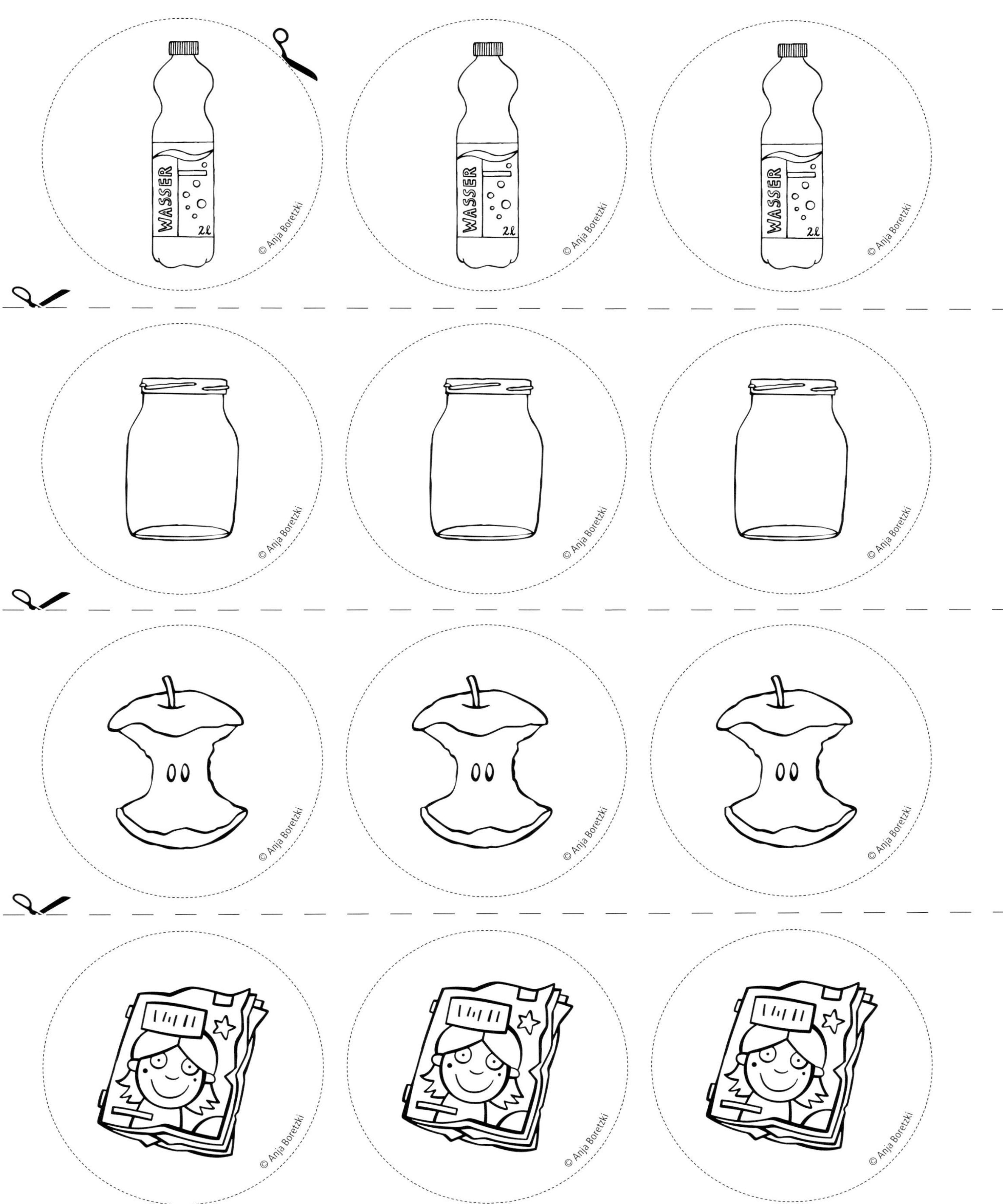

Was ist Recycling?

Hast du dich schon mal gefragt, was mit dem Abfall geschieht, nachdem du ihn weggeworfen hast?
Die **Müllabfuhr** holt ihn ab. Sie bringt ihn auf die **Mülldeponie**.
Dort wird der Müll noch einmal **sortiert**. Schließlich kann es passieren, dass jemand seinen Müll auch in die falsche Tonne geworfen hat.

Mancher Müll wird **recycelt** (sprich: reßeikelt).
Das schwierige Wort bedeutet übersetzt: „zurück in den Kreislauf" bringen.

Und so funktioniert das:

Der **Restmüll** kommt in eine Abfallverbrennungsanlage.
Dort wird er in einem großen Ofen verbrannt. Dabei entsteht heißer Dampf.
Aus diesem Dampf kann im Kraftwerk Strom gemacht werden.

Der **Papiermüll** wird von Maschinen in kleine Schnipsel geschnitten.
Diese Schnipsel werden mit Wasser gemischt. Dabei entsteht ein Brei, der gewaschen wird. Nur so kann zum Beispiel die Druckfarbe verschwinden.
Schließlich landen ja auch deine alten Schulhefte und Zeitungen im Papiermüll.
Aus diesem Papierbrei wird dann in der Papierfabrik neues Papier hergestellt.
Schaue doch mal auf deine Hefte. Vielleicht findest du dort das Recyclingsymbol mit den drei Pfeilen, die den Verwertungskreislauf darstellen sollen.

Male das Recyclingsymbol in das Feld.

Auch **Glas** kann recycelt werden.
Marmeladengläser, Gurkengläser und manche Glasflaschen werden in Glascontainern entsorgt.

Die Container können von Stadt zu Stadt unterschiedlich aussehen. Bestimmt hast du die Container schon an der Straße gesehen.

Die Glasscherben werden geschmolzen.
Dann werden neue Gläser und Flaschen daraus gemacht.

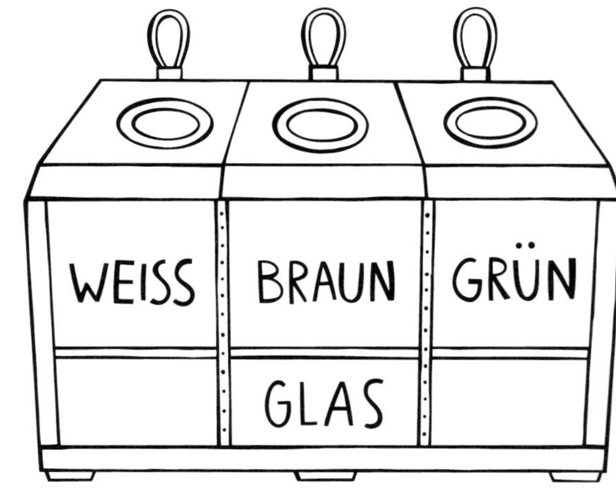

Konsum

7. Was brauchst du wirklich?

Darum geht's

In unserem Kulturkreis haben die meisten Menschen mehr, als sie benötigen. Viele sehen einen gefüllten Kühlschrank, Strom, fließendes Wasser längst als selbstverständlich an. Auch die materiellen Güter jeglicher Form sind für die wenigsten von uns „Luxusgüter". Doch noch immer gibt es zahlreiche Menschen auf diesem Planeten, die tagtäglich ums Überleben kämpfen. Kinder und auch Erwachsene sterben, weil sie nicht genügend Nahrung und keine wärmende Kleidung besitzen.

Die folgende Stunde möchte Ihre Klasse für den Luxus sensibilisieren. Es geht dabei weder darum, den Kindern Angst noch ein schlechtes Gewissen zu machen. Mein Ansinnen ist es viel mehr, den Weg für die Wertschätzung zu ebnen und die Kinder mit der Frage zu konfrontieren, was sie wirklich in ihrem Leben brauchen. Setzt man sich selbst einmal intensiv mit dieser Frage auseinander, so wird schnell klar, dass es im Leben um viel mehr geht, als den reinen Konsum. Verstehen Sie mich nicht falsch: Auch ich habe viele Annehmlichkeiten in meinem Leben. Mir ist es jedoch ein Bedürfnis, dass wir alle eine entsprechende Wertschätzung entwickeln und uns stets aufs Neue fragen, ob wir dieses oder jenes tatsächlich brauchen.

Die Stunde ist so konzipiert, dass Sie eingangs mit Ihrer Klasse das mitgelieferte Bildmaterial sichten und besprechen. Anschließend interviewen sich die Kinder gegenseitig hinsichtlich ihrer Einstellung zum Thema, bevor abschließend alle gemeinsam ein Plakat gestalten.

Kompetenzerwartungen

Die Kinder ...

- erkennen den Wohlstand in den Industrieländern,
- denken darüber nach, ob sie tatsächlich all die Konsumgüter benötigen.

Materialliste

- Bildvorlagen „Was brauchst du wirklich?" (S. 34/35)
- ggf. Dokumentenkamera, Beamer, digitale Tafel, o. Ä.
- 1 Bogen Plakatkarton (DIN A3)
- Filzstifte
- Kataloge/Reklame-Prospekte
- Klebestift
- Scheren

Für jedes Kind:

- 1 Blatt Papier
- 1 Stift
- 1 Klemmbrett oder Schreibunterlage

Das bereiten Sie vor

Stellen Sie ggf. das Ihnen zur Verfügung stehende Gerät bereit, um die Bildvorlagen für alle Kinder gut sichtbar an die Klassenwand zu projizieren.

Stundenverlauf

Einstieg

Laden Sie die Kinder ein, im Sitzkreis Platz zu nehmen. Legen Sie die beiden Bildvorlagen für alle gut sichtbar aus oder projizieren Sie sie ggf. an die Wand. Warten Sie zunächst, bis die Kinder von sich aus das Gespräch suchen. Sollte dies nicht der Fall sein, können Sie die folgenden Fragen nutzen, um eine Unterhaltung zu starten:

- *Was seht ihr auf den beiden Bildern?*
- *Wie fühlt ihr euch, wenn ihr diese Bilder seht?*
- *Welches dieser Bilder passt besser zu eurem Leben?*
- *Warum ist das so?*

7. Was brauchst du wirklich?

Arbeitsphase

Notieren Sie die folgenden Fragen gut lesbar an der Tafel:

- *Wie viele Spielsachen besitzt du ungefähr?*
- *Mit wie vielen dieser Sachen spielst du auch regelmäßig?*
- *Was brauchst du wirklich, um glücklich zu sein?*
- *Was brauchst du alles für dein Leben?*

Die Kinder notieren die Fragen auf einem Blatt Papier. Unter jeder Frage muss ausreichend Platz gelassen werden, damit die Kinder hier später Antworten eintragen können.

Sobald alle Kinder den Fragenkatalog abgeschrieben haben, „schwirren" sie mit Stift und Klemmbrett als Reporter*innen aus. Jedes Kind sucht sich ein Partnerkind, das es bezüglich der Fragen interviewt. Die Antworten des Partnerkindes werden auf dem Blatt Papier festgehalten. Dann werden die Rollen getauscht und das Partnerkind fragt.

Abschluss

Wenn jedes Kind mindestens drei Kinder interviewt hat, kommen alle im Sitzkreis zusammen. Fragen Sie:

- *Was habt ihr erfahren?*
- *Wie denkt ihr darüber?*

Überlegen Sie anschließend gemeinsam, welche Dinge wirklich wichtig sind, und gestalten Sie dazu mit den Kindern ein Plakat. Dazu eignet sich die folgende Überschrift: *Was brauchen wir wirklich?*

Damit das Plakat auch möglichst aussagekräftig wird, dürfen die Kinder die Kataloge und Reklameheftchen sichten und geeignetes Bildmaterial ausschneiden. Entscheiden Sie abschließend gemeinsam im Plenum, welche Bilder auf das Plakat geklebt werden sollen.

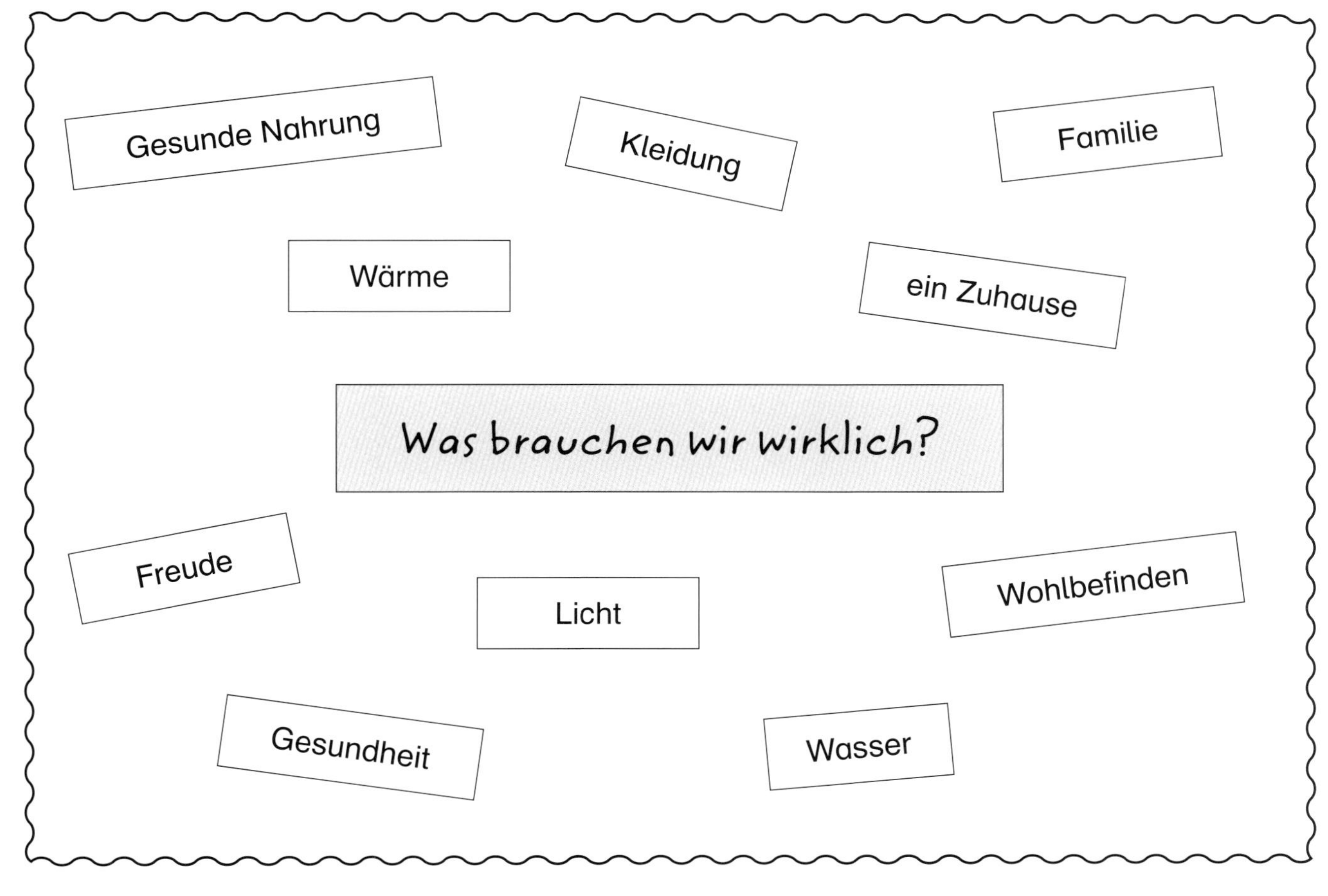

Was brauchst du wirklich? (1/2)

Was brauchst du wirklich? (2/2)

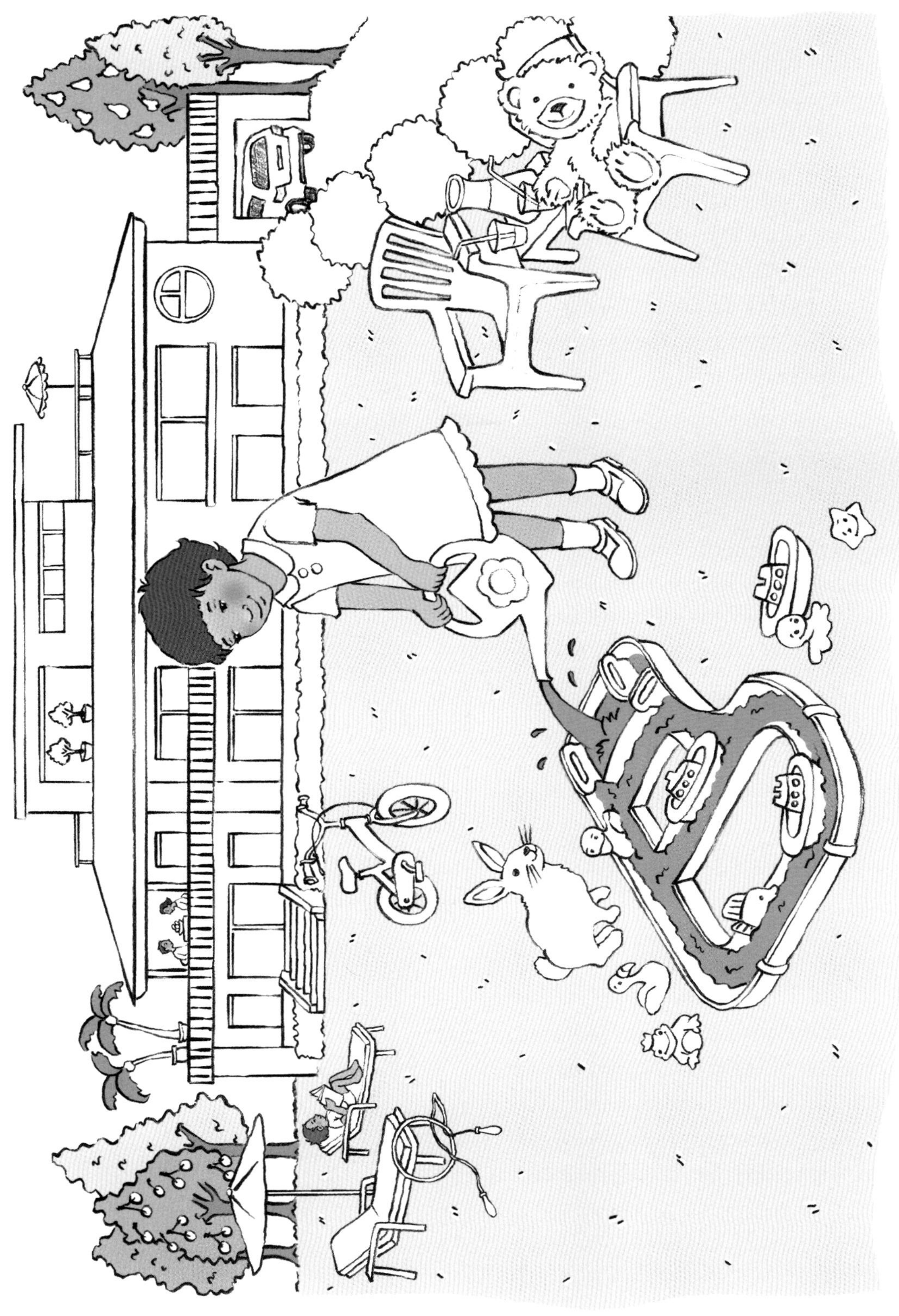

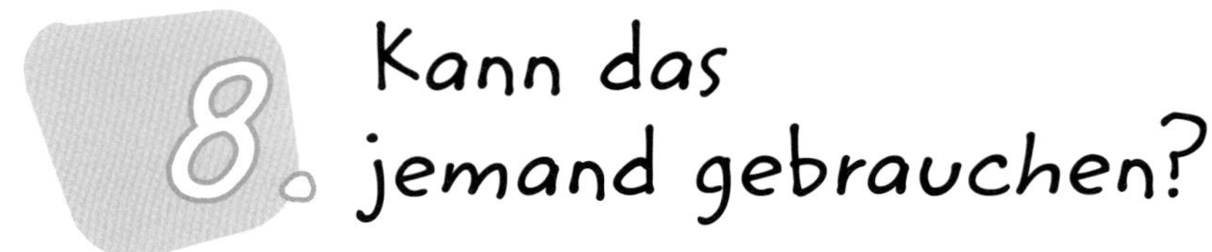

8. Kann das jemand gebrauchen?

Darum geht's

Wie oft werden Spielsachen, Kleidung und andere Konsumgüter weggeworfen oder verstauben auf dem Dachboden oder im Keller, weil sie nicht mehr gebraucht werden? Warum also nicht einfach eine Tauschbörse einrichten, bei der die Kinder ihre Spielsachen untereinander tauschen können? So entsteht weniger Müll und die Freude an der Abwechslung wird befriedigt. Wenn Sie dies für eine gute Idee halten, dann ist die folgende Stunde genau das Richtige für Sie. Hier gehen Sie mit den Kindern nämlich der Frage „Kann das jemand gebrauchen?" auf den Grund und führen kurzerhand eine Tauschbörse durch.

Kompetenzerwartungen

Die Kinder …
- führen eine Tauschbörse durch,
- erkennen, dass nicht alles weggeworfen werden muss,
- erfahren, dass sie anderen eine Freude mit den Sachen machen können, die sie selbst nicht mehr möchten.

Materialliste

- Elternbrief „Unsere Klassentauschbörse" (S. 38)
- 8 Notizzettel
- ggf. kleine Zettel zum Losen
- Stift

Das bereiten Sie vor

Kopieren Sie den Elternbrief und verteilen Sie diesen ca. zwei Wochen vor Durchführung der Unterrichtsstunde. Sammeln Sie alle Tauschobjekte im Klassenraum. Notieren Sie die Buchstaben des Wortes „TAUSCHEN" einzeln auf einem Notizzettel. Mischen Sie die Zettel gut durch.

Stundenverlauf

Einstieg

Kommen Sie mit den Kindern im Sitzkreis zusammen. Legen Sie die Zettel in die Kreismitte. Aufgabe der Kinder ist es, die Buchstaben zu einem Wort zusammenzusetzen. Falls es den Kindern nicht gelingt, das Wort „Tauschen" zu legen, helfen Sie ihnen bitte dabei.

Betrachten Sie anschließend gemeinsam das Wortpuzzle und überlegen Sie mit den Kindern:
- *Woran denkt ihr beim Wort „Tauschen"?*
- *Was bedeutet „Tauschen" für euch?*
- *Ihr alle habt heute Sachen mitgebracht. Was könnte das mit dem Wort zu tun haben?*

Arbeitsphase

Schaffen Sie gemeinsam mit den Kindern ausreichend freie Fläche im Klassenraum. Stellen Sie dort Tische aus, auf denen die Kinder ihre mitgebrachten Schätze deponieren können.

Geben Sie anschließend allen Kindern die Gelegenheit, zunächst alles in Ruhe zu betrachten. Zeigen Sie die einzelnen Sachen und fragen Sie: *Kann das jemand gebrauchen?* Sollten sich gleich mehrere Kinder für ein bestimmtes Tauschobjekt interessieren, könnte das Tauschobjekt auch verlost werden.

Achten Sie darauf, dass hier kein Ungleichgewicht entsteht. Wie es sich für eine Tauschbörse gehört, sollte auch jedes Kind mindestens einen neuen Schatz erhalten.

8. Kann das jemand gebrauchen?

Abschluss

Nachdem die Kinder ihre neuen Schätze verstaut haben, kommen alle im Sitzkreis zusammen. Besprechen Sie das Erlebnis und überlegen Sie gemeinsam mit Ihrer Klasse, ob Sie die Tauschbörse regelmäßig zum festen Bestandteil im Jahresverlauf werden lassen wollen oder ob es sich hier um eine einmalige Angelegenheit handeln soll. Die folgenden Fragen unterstützen Sie dabei:

- *Wie hat euch unsere Tauschbörse gefallen?*
- *Was fandet ihr gut?*
- *Was hat euch nicht so gut gefallen?*
- *Denkt ihr, wir sollten so etwas öfter machen?*
- *Warum wäre das gut/nicht so gut?*
- *Wie sollten wir das beim nächsten Mal machen? Sollen wir einen Schrank dafür bereitstellen oder wieder alle gemeinsam tauschen?*

Wenn Sie die Tauschbörse zum festen Bestandteil machen wollen, können Sie auch die Parallelklassen involvieren. Hier kann beispielsweise auch im Flur ein Regal bereitgestellt werden, auf dem die Kinder Spielsachen und Bücher deponieren können, die sie nicht mehr brauchen.

Unsere Klassentauschbörse

Datum: ....

Liebe Eltern der Klasse .... ,

türmen sich in Ihren Schränken, im Keller und auf dem Dachboden auch die ein oder anderen Dinge, die einfach zu schade zum Wegwerfen sind?

Ich möchte mit Ihren Kindern eine Klassentauschbörse durchführen, um den Kindern zu zeigen, dass wir nicht alles wegwerfen müssen, sondern anderen noch eine Freude mit unseren alten Schätzen machen können.

Schauen Sie doch bitte einmal gemeinsam mit Ihrem Kind, was von den alten Spielsachen, Büchern etc. nicht mehr benötigt wird, aber eben auch zu gut zum Wegwerfen ist.

Sie können diese Sachen in den folgenden zwei Wochen bei mir abgeben.

Am .... veranstalte ich dann mit den Kindern eine Klassentauschbörse, bei der sie ihre alten Schätze gegen andere alte Schätze eintauschen können. So wird nichts weggeworfen und die Kinder erhalten einen Einblick in nachhaltiges Handeln.

Herzliche Grüße

Ich habe den Elternbrief „Unsere Klassentauschbörse" gelesen und ich gebe

meinem Kind ...., ... folgende Dinge mit:

Name — Klasse

....

....

....

....

Datum — Unterschrift

Brauchen wir immer das neueste Smartphone?

Darum geht's

Viele Menschen in den Industrienationen besitzen nicht nur ein Smartphone, sondern gleich mehrere, die unbenutzt in der Schublade liegen. Einige möchten immer das neuste Modell besitzen, andere müssen ein defektes Smartphone ersetzen, weil das empfindliche Display kaputt ist oder die Akkuleistung rapide abgenommen hat. Doch neben all dem Müll, der dabei entsteht, werden nicht nur die Natur, sondern auch die Menschen ausgebeutet. Für die Herstellung der Taschencomputer benötigt man Coltan.
Der kostbare Rohstoff wird jedoch unter gefährlichen Arbeitsbedingungen abgebaut. Die folgende Unterrichtsstunde möchte zum Nachdenken anregen. Dies geschieht mithilfe eines Fragebogens und eines Lesetextes.

Kompetenzerwartungen

Die Kinder ...

- wissen, dass Menschen in Teilen Afrikas hart für die Herstellung von Smartphones arbeiten müssen,
- denken über ihr Konsumverhalten nach.

Materialliste

- Fragebogen „Mein Smartphone und ich" (S. 40)
- Lesetext „Schwarzes Gold im Smartphone" (S. 41)
- Arbeitsblatt „Schwarzes Gold im Smartphone" (S. 42)

Das bereiten Sie vor

Kopieren Sie den Fragebogen und den Lesetext für jedes Kind. Das Arbeitsblatt benötigen Sie nur im halben Klassensatz.

Stundenverlauf

Einstieg

Erzählen Sie den Kindern, dass sie sich heute mit dem Thema „Smartphones" beschäftigen möchten. Teilen Sie ihnen dazu den Fragebogen aus. Machen Sie den Kindern deutlich, dass es hier keine falschen Antworten geben kann. Jedes Kind darf sich völlig frei darin äußern. Gehen Sie nicht weiter auf die inhaltliche Auswertung ein. Diese erfolgt zum Abschluss der Stunde.

Arbeitsphase

Bitten Sie die Kinder, ein Partnerkind auszuwählen. Teilen Sie den Kindern den Lesetext sowie eine Kopie des Arbeitsblattes aus. Die Kinder lesen zunächst eigenständig den Text, bevor sie die Fragen in Gemeinschaftsarbeit beantworten. Vergleichen Sie anschließend die Arbeitsergebnisse im Plenum.

Abschluss

Bitten Sie die Kinder, noch einmal gemeinsam über die folgenden Fragen nachzudenken:

- *Ihr habt zum Beginn der Stunde einen Fragebogen ausgefüllt. Wie denkt ihr nun über eure Antworten?*
- *Würdet ihr eine Frage anders beantworten?*
- *Wie denkt ihr jetzt über Smartphones?*
- *Braucht man immer das neueste Modell?*

Um die Nachhaltigkeit lebendig werden zu lassen, können Sie sich gemeinsam mit den Kindern über Projekte informieren, die ausgediente Smartphones für einen guten Zweck sammeln und recyceln. Eventuell haben die Kinder Lust, eine Schulsammelaktion auf die Beine zu stellen?
Mittlerweile gibt es aber auch Smartphones mit austauschbaren Ersatzteilen (wie z. B. Akkus, Display), diese nennen sich Modulsmartphones. Wenn Ihnen noch Zeit zur Verfügung bleibt, können Sie dies noch mit den Kindern näher thematisieren.

Mein Smartphone und ich

Fülle den Fragebogen aus.

Hast du ein eigenes Smartphone?	
Wer aus deiner Familie hat alles ein Smartphone?	
Hast du schon mal ein Smartphone benutzt?	
Was kann man alles damit machen?	
Was gefällt dir am Smartphone?	
Was magst du daran nicht?	
Wann braucht man ein neues Smartphone?	

Schwarzes Gold im Smartphone (1/2)

In Deutschland besitzt fast jeder und jede Erwachsene ein Smartphone (sprich: Smartfon). Sogar viele Kinder in der Grundschule haben schon ein eigenes Smartphone.

Um ein Smartphone herzustellen, werden viele besondere Materialien benötigt.

Einer dieser Rohstoffe ist **Coltan**. Es ist ein Mineral. So nennt man winzige Stoffe, die im Boden zu finden sind. Allerdings gibt es Coltan nur in wenigen Gebieten auf unserer Erde. Deshalb gehört Coltan zu den besonders kostbaren Mineralien. Weil Coltan so selten ist, wird es auch „schwarzes Gold“ genannt. Eines der Gebiete, in denen man Coltan finden kann, liegt im Kongo.

Kongo ist ein Land in Afrika. In dieser Region arbeiten die Menschen unter schweren Bedingungen. Coltan ist nur auf bestimmten Bergen tief in der Erde zu finden. Um an das „schwarze Gold“ zu kommen, müssen die Menschen tief graben. Die Gruben sind manchmal bis zu 100 m tief. Doch sie haben dafür keinen Bagger oder andere Geräte zur Verfügung.

Die Menschen graben mit Schaufeln. Helme oder Schutzkleidung haben sie keine. Viel Geld bekommen sie für die schwere Arbeit nicht.

In einigen Coltan-Minen arbeiten sogar Kinder.

Obwohl Coltan so kostbar ist, landen jedes Jahr in Europa viele Millionen Telefone auf dem Müll. Diese Smartphones werden dann meist wieder mit dem Schiff auf riesige Müllkippen in Afrika, zum Beispiel nach Ghana, gebracht. Dort suchen Kinder und Jugendliche unter anderem nach Kupfer. Kupfer ist nämlich auch in Smartphones zu finden. Um an den begehrten Stoff zu kommen, zerschlagen die Kinder die Bildschirme. Dies ist sehr gefährlich und bringt ihnen kaum Geld ein. Doch meist haben die Kinder keine andere Möglichkeit, denn viele Familien haben nicht genügend Geld.

Schwarzes Gold im Smartphone (2/2)

1. **Wenn du auf der linken Seite sitzt, bist du Kind A. Sitzt du auf der rechten Seite, dann bist du Kind B. Trage deinen Namen in die richtige Spalte ein.**
2. **Hast du den Text auf S. 41 gut gelesen? Dann beantworte nun die Fragen in deiner Spalte. Kind A fängt an. Es liest Kind B die Frage vor und nennt ihm die richtige Antwort.**
   Wenn Kind B mit der Antwort einverstanden ist, darf Kind A sie aufschreiben. Ist Kind B nicht einverstanden, sucht ihr gemeinsam nach einer Lösung.
3. **Jetzt ist Kind B an der Reihe. Macht abwechselnd so weiter.**

Kind A	**Kind B**
Welcher Stoff ist für die Herstellung eines Smartphones besonders wichtig?	Warum wird Coltan auch „schwarzes Gold" genannt?
Wie stellst du dir die Arbeit in den Coltan-Minen vor?	Was denkst du: Warum landen so viele Smartphones einfach auf dem Müll?
Wie denkst du darüber, dass so viele Smartphones einfach weggeworfen werden?	Wie stellst du dir die Arbeit auf einer Müllkippe vor?

10. Immer das Neueste

Darum geht's

Vielleicht stammt unser Wunsch, immer etwas Neues haben zu wollen, noch aus der Steinzeit, als wir Jäger*innen und Sammler*innen waren. Doch in Anbetracht der Tatsache, dass all der Müll, der dabei entsteht, unsere Natur enorm belastet, ist es in meinen Augen sinnvoll, das eigene Konsumverhalten kritisch zu überdenken. Genau das geschieht in der folgenden Stunde. Die Kinder hören eine Geschichte, betrachten eine Bildvorlage und schlüpfen auf dem „heißen Stuhl" in die Rollen der Protagonist*innen.

Kompetenzerwartungen

Die Kinder ...
- überlegen, ob immer alles neu sein muss,
- wissen, was mit dem Elektroschrott geschieht.

Materialliste

- Lesetext „Wir haben nur so ollen Schrott!" (S. 44)
- Bildvorlage „Wir haben nur so ollen Schrott!" (S. 45)
- Dokumentenkamera, Beamer, digitale Tafel, o. Ä.
- 1 Stuhl

Das bereiten Sie vor

Stellen Sie das Ihnen zur Verfügung stehende Gerät bereit, um die Bildvorlagen für alle Kinder gut sichtbar an die Klassenwand zu bringen.

Stundenverlauf

Einstieg

Lesen Sie den Text auf S. 44 im Plenum vor. Wichtig: Zeigen Sie die passende Bildvorlage erst, wenn Sie im Text einen Hinweis finden!

Arbeitsphase

Stellen Sie einen Stuhl mit Blickrichtung zu den Kindern auf. Wählen Sie ein freiwilliges Kind aus, das auf diesem „heißen Stuhl" Platz nimmt.

Das Kind schlüpft nun mental in die Rolle von Jacob und muss der Klasse aus Jacobs Sicht Rede und Antwort stehen. Damit allen Kindern deutlich wird, worum es bei dieser Methode geht, stellen Sie zunächst die erste Frage, wie beispielsweise: „Jacob, warum willst du einen neuen Fernseher haben?"

Wenn „Jacob" die Frage beantwortet hat, dürfen seine Mitschüler und Mitschülerinnen weitere Fragen stellen. Besetzen Sie dabei zwischendurch die Rolle neu, sodass möglichst viele Kinder auf dem heißen Stuhl Platz nehmen dürfen. Nachdem „Jacob" interviewt wurde, ist der „Vater" an der Reihe. Auch hier nehmen wieder möglichst viele Kinder auf dem heißen Stuhl Platz und beantworten die Fragen der Kinder aus der väterlichen Perspektive.

Führen Sie bitte anschließend mit den Kindern ein sogenanntes „Deroling" durch. Dabei haben alle Kinder, die auf dem heißen Stuhl saßen und mental in die Rolle einer anderen Person geschlüpft sind, die Möglichkeit, diese Energien wieder abzuschütteln. Und weil es so viel Spaß macht, dürfen die übrigen Kinder gleich mitmachen. Bitten Sie demnach alle Kinder, kurz aufzustehen, auf der Stelle zu hüpfen und dabei ihre Arme auszuschütteln.

Abschluss

Geben Sie den Kindern abschließend die Gelegenheit, sich zum Stundenthema wertungsfrei zu äußern. Dabei helfen die folgenden Fragen:
- *Was hast du in dieser Stunde gelernt?*
- *Wie denkst du nun darüber: Muss es immer etwas Neues sein?*
- *Hat sich an deiner Meinung etwas geändert? Wenn ja, warum?*

Wir haben nur so ollen Schrott! (1/2)

Wütend knallt Jacob die Haustür. Während er seine Schuhe in die Ecke feuert, brummelt er mürrisch vor sich hin.

„Hey, geht das auch etwas leiser? Ich arbeite gerade!", mault Papa im Esszimmer. Seine Verärgerung rührt wohl daher, dass alle seine Unterlagen durch den Windstoß durcheinandergewirbelt wurden, den Jacob mit seinem lautstarken Türenknallen verursacht hat. „Ich kann ja auch gleich wieder zu Nils gehen. Da ist es eh viel cooler als bei uns", beschwert sich Jacob.

Papa schaut Jacob über den Rand seiner Brille hinweg prüfend an: „Was ärgert dich denn so an unserem Zuhause?", will er wissen. „Wir haben immer nur so ollen Schrott", nölt Jacob. „Nils, der hat 'nen richtig coolen, neuen Fernseher mit einem super Sound. Eine neue Spielekonsole hat sein Vater auch gekauft und neulich hat Nils einen neuen Laptop für die Schule bekommen. Und wir? Wir haben schon seit 1 000 Jahren denselben Fernseher. Mein Computer ist auch noch aus der Steinzeit und nie kaufst du irgendetwas Neues."

„Mhm ... Waren denn der Fernseher und die Spielekonsole kaputt oder warum hat Nils' Familie alles neu gekauft?", will Papa wissen.
Jacob schüttelt den Kopf. „Nö, wieso?"

„Weißt du, ich finde es, ehrlich gesagt, nicht so toll, wenn man ständig neue Sachen kauft, nur weil man was Neues haben möchte. Unsere Sachen sind doch alle noch in Ordnung. Du kannst auf dem Fernseher alle deine Lieblingssendungen schauen und deine Hausaufgaben kannst du doch auf dem Computer auch problemlos erledigen, oder?", fragt Papa.

„Ja, schon", gibt Jacob zu. Aber unser Fernseher hat nicht so ein tolles Bild und der Computer ist auch eine alte Gurke."

„Komm, ich zeige dir mal etwas auf der alten Gurke!", meint Papa und führt Jacob ins Esszimmer. „Hast du dich schon einmal gefragt, was mit den alten Sachen geschieht, die wir einfach so wegwerfen, nur weil wir ständig etwas Neues haben wollen?", will Papa wissen. Jacob schüttelt den Kopf. „Gut, dann schau einmal genau hin."

Zeigen Sie nun die Bildvorlage (S. 45)

Jacob weiß gar nicht, was er sagen soll. Das, was er da auf dem Computer sieht, macht ihm irgendwie Angst. Papa scheint zu spüren, dass die Bilder Jacob bedrücken und so erklärt er: „Weißt du, die meisten unserer alten Geräte landen auf einer Mülldeponie in Ghana. Das ist ein Land in Afrika. Dort werden sie einfach abgeladen und die Menschen müssen mit dem ganzen Müll klarkommen. Oft zerschlagen oder verbrennen Kinder und Jugendliche die Geräte, um an die Materialien im Inneren zu kommen. Dafür bekommen sie ein klein wenig Geld. Aber sie riskieren ihre Gesundheit und da dieser Müll nicht einfach zu Erde wird, bleiben die alten Geräte für immer dort liegen. Aus diesem Grund möchte ich nicht einfach so etwas Neues kaufen, wenn unsere alten Geräte noch gut sind", erklärt Papa.

Da muss Jacob jetzt erst einmal gründlich drüber nachdenken. Ist das die Sache mit dem neuen Fernseher wirklich wert?

Wir haben nur so ollen Schrott! (2/2)

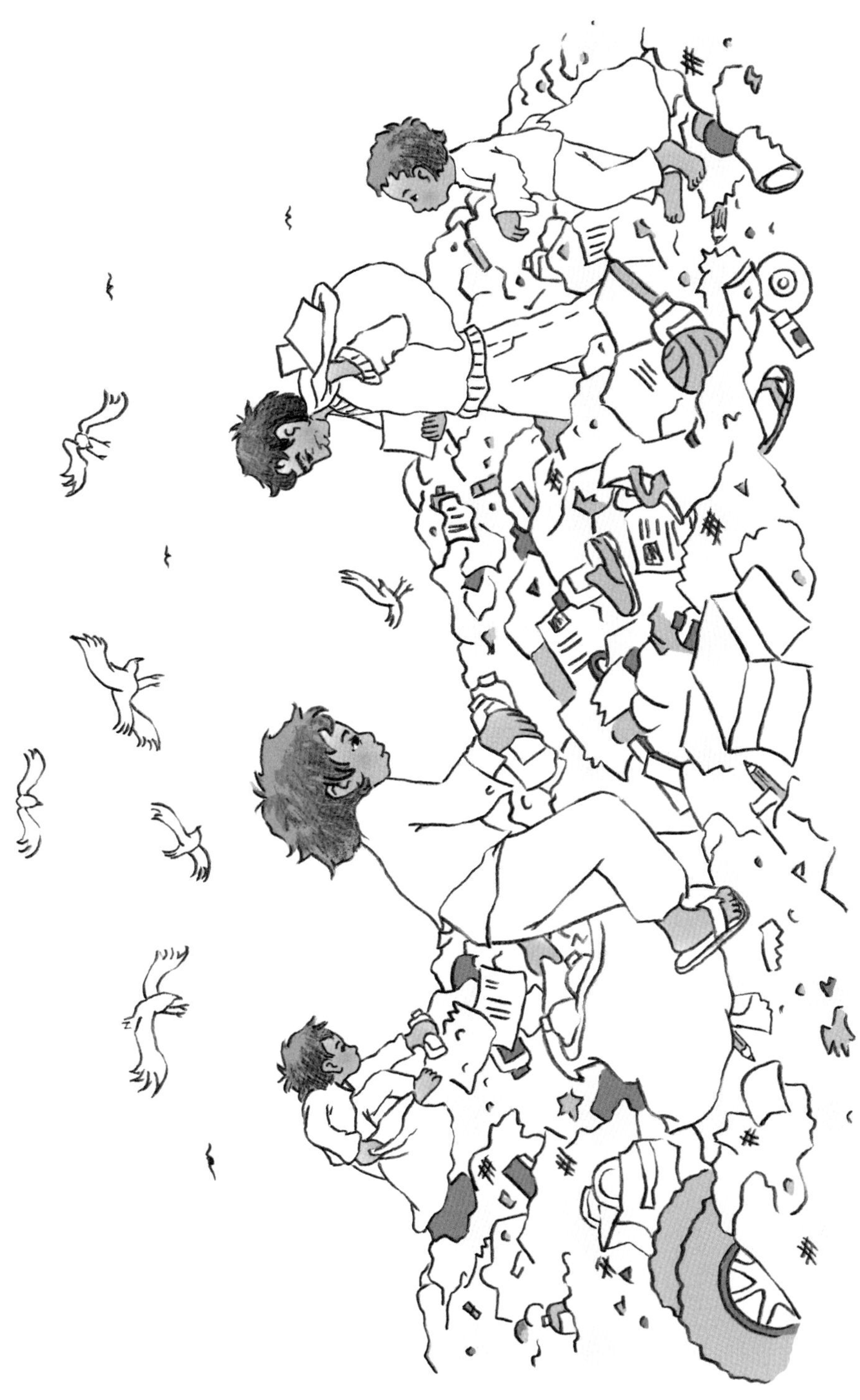

11. Fairer Handel

Darum geht's

Auch in der heutigen Zeit kann es immer noch passieren, dass Menschen ausgebeutet werden, damit wir alle Annehmlichkeiten des Lebens genießen können. Wie gut, dass wir als Verbraucher*innen stets die Wahl haben und mit dem Kauf von fair gehandelten Produkten ein Zeichen setzen können.

In dieser Stunde erfährt Ihre Klasse auf kindgerechte Weise, woran man fair gehandelte Produkte erkennen kann. Dies geschieht mithilfe eines Lesetextes zum Fairtrade-Siegel. Anschließend vertiefen die Kinder ihr neues Wissen auf einem Arbeitsblatt.

Kompetenzerwartungen

Die Kinder …

- kennen das Fairtrade-Siegel und seine Bedeutung,
- werden für diesen Nachhaltigkeitsansatz sensibilisiert.

Materialliste

- Produkte (z. B. Schokolade, Kakao) mit dem Fairtrade-Siegel
- Lesetext „Gerechter Handel" (S. 47)
- Arbeitsblatt „Gerechter Handel" (S. 48)

Das bereiten Sie vor

Kopieren Sie den Lesetext und das gleichnamige Arbeitsblatt für jedes Kind.

Stundenverlauf

Einstieg

Laden Sie die Klasse in einen Sitzkreis ein. Erzählen Sie den Kindern, dass Sie sich heute einmal mit ganz bestimmten Produkten beschäftigen möchten.

Zeigen Sie den Kindern die mitgebrachten Fair-trade-Produkte. Lassen Sie sie diese zunächst in Ruhe erkunden, bevor jedes Kind mutmaßen darf, was es mit dem Fairtrade-Siegel auf sich haben könnte. Die folgenden Fragen helfen Ihnen dabei:

- *Schaut euch einmal die Sachen in Ruhe an.*
- *Was haben all die Produkte gemeinsam?*
- *Wie sieht das Zeichen aus?*
- *Habt ihr dieses Zeichen schon einmal irgendwo gesehen?*
- *Was könnte es bedeuten?*

Arbeitsphase

Zurück am Platz erhält jedes Kind eine Lesetext- und Arbeitsblattkopie. Die Kinder lesen zunächst den Text und beantworten anschließend die Fragen dazu.

Abschluss

Vergleichen Sie abschließend die Arbeitsergebnisse im Plenum. Sollten Sie noch Zeit zur Verfügung haben, könnten Sie den Kindern weitere Produktsiegel für fairen Handel präsentieren.

Neben dem Fairtrade-Siegel gibt es noch weitere Produktsiegel für fairen Handel. Auf der Seite www.forum-fairer-handel.de können Sie sich dazu informieren.

Gerechter Handel (1/2)

Heute ist ein besonderer Tag für Akono. Zum ersten Mal darf er in die Schule gehen. Vielleicht ist die Schule für dich nichts Besonderes. Vielleicht wunderst du dich sogar darüber, dass es ein besonderer Tag ist. Vielleicht magst du auch die Schule nicht ganz so sehr. Aber, weißt du, Akonos Leben ist ganz anders als deins.

Akono lebt an der Elfenbeinküste in Westafrika. Er ist 10 Jahre alt und bis vor Kurzem musste er noch jeden Tag schwer auf den Kakaofeldern arbeiten. Akono musste die schweren Früchte ernten und kilometerweit tragen.
Von dem Kakao hat er nichts bekommen. Auch die Schokolade, die aus dem Kakao gemacht wird, hat Akono nie probiert. All das konnte sich seine Familie nämlich gar nicht leisten.

Vielleicht fragst du dich, warum Akono mit 10 Jahren schon jeden Tag so schwer arbeiten musste. Seine Eltern haben nicht genug Geld verdient. Sie haben zwar jeden Tag schwer gearbeitet.

Aber trotzdem hat das Geld nicht gereicht. Ihnen wurde einfach nicht genug bezahlt. Doch das hat sich nun endlich geändert. Ein Verein hat erfahren, dass es den Menschen auf den Kakaofeldern nicht gut geht. Dieser Verein heißt TransFair (sprich: Transfär). Der Verein kümmert sich darum, dass es den Menschen zum Beispiel in Westafrika und in anderen armen Ländern besser geht. TransFair sorgt dafür, dass die Leute für ihre Arbeit besser bezahlt werden.
Außerdem kümmert er sich darum, dass Kinder nicht mehr arbeiten müssen.
Der Kakao wird jetzt mit einem Siegel verkauft. Das sieht so aus:

© Fairtrade Deutschland

Das Wort „Fairtrade“ sprichst du „Färträid“ aus. „Fair“ bedeutet „gerecht“.

„Trade“ heißt übersetzt „Handel“.
Alle Sachen mit diesem Zeichen werden also gerecht gehandelt.

Die Menschen bekommen einen gerechten Lohn. Von jedem verkauften Produkt wird auch etwas Geld abgezwackt. Mit diesem Geld werden dann zum Beispiel Schulen und Brunnen gebaut.

Gerechter Handel (2/2)

1. **Wie sah Akonos Leben aus, als er noch nicht zur Schule gehen konnte? Male ein Bild in das erste Feld.**

2. **Wie hat sich Akonos Leben nun verändert? Male in das zweite Feld.**

3. **Was bedeutet Fairtrade übersetzt?**

....

4. **Wie denkst du über Fairtrade?**

....

....

....

5. **Fair gehandelte Produkte sind meisten etwas teurer als andere Sachen. Würdest du sie trotzdem kaufen? Begründe deine Entscheidung.**

....

....

....

12. Wo kommt deine Kleidung her?

Darum geht's

Aufgrund niedriger Preise werden in den Industrieländern mehr Kleidungsstücke gekauft, als wir eigentlich benötigen. Doch wo kommt die Kleidung eigentlich her? Dieser Frage gehen die Kinder in der folgenden Stunde auf den Grund.

Kompetenzerwartungen

Die Kinder …
- wissen, dass der Herstellungsprozess von Kleidung die Umwelt belastet (Wasserkonsum und Chemikalienverwendung),
- wissen, dass viele Menschen für die Kleiderherstellung ausgebeutet werden.

Materialliste

- Kopiervorlage Flyer „Deine Klamotten und du" (S. 50)
- Lesetext und Arbeitsblatt „Was du über deine Klamotten wissen solltest" (S. 51/52)

Das bereiten Sie vor

Kopieren Sie den Flyer im Viertel Klassensatz.
Schneiden Sie die einzelnen Flyer auseinander.
Den Lesetext und das gleichnamige Arbeitsblatt benötigen Sie für jedes Kind.

Sie möchten Papier sparen? Dann können Sie die Flyer auch stattdessen zum Plakat umfunktionieren und ein Exemplar gut sichtbar an der Klassenzimmertür befestigen.

Stundenverlauf

Einstieg

Händigen Sie den Kindern beim Betreten des Klassenzimmers kommentarlos den Flyer aus. Sobald alle ihre Plätze eingenommen haben und jedes Kind den Flyer gelesen hat, können Sie mithilfe der folgenden Fragen in das Unterrichtsgespräch einsteigen:
- *Was steht auf dem Flyer, den ich euch eben ausgeteilt habe?*
- *Wie denkt ihr über die Fragen?*
- *Habt ihr euch schon einmal Gedanken darüber gemacht, wo eure Kleidung herkommt?*
- *Was ist euch an eurer Kleidung besonders wichtig?*

Arbeitsphase

Verteilen Sie die Lesetextkopien an die Kinder. Lesen Sie den Text zunächst gemeinsam laut im Plenum und klären Sie eventuelle Verständnisfragen. Sobald der Inhalt bekannt ist, erhalten die Kinder das zugehörige Arbeitsblatt. Hier stellen sie ihr neues Wissen stichpunktartig dar und gehen auch auf die emotionale Komponente ein, indem sie die beiden Bilder mit entsprechenden Farben ausmalen. Für die „Ausbeutung" der Arbeitskraft eignen sich dabei insbesondere dunkle Farben.

Abschluss

Wenn Sie nach der Besprechung der Arbeitsergebnisse noch Zeit übrig haben sollten, können die Kinder sich zu folgenden Fragen äußern:
- *Wie denkst du jetzt über deine Kleidung?*
- *Glaubst du, dass es wichtig ist, immer etwas Neues zu haben?*
- *Was kann jede und jeder Einzelne von uns tun, um die Umwelt und die Menschen zu schützen?*

Deine Klamotten und du

Wie wichtig ist dir deine Kleidung?

Weißt du, wo deine Klamotten herkommen?

© Katja Hillscher

Du willst es wissen?
▸ Dann finden wir es jetzt heraus!

Wie wichtig ist dir deine Kleidung?

Weißt du, wo deine Klamotten herkommen?

© Katja Hillscher

Du willst es wissen?
▸ Dann finden wir es jetzt heraus!

Wie wichtig ist dir deine Kleidung?

Weißt du, wo deine Klamotten herkommen?

© Katja Hillscher

Du willst es wissen?
▸ Dann finden wir es jetzt heraus!

Wie wichtig ist dir deine Kleidung?

Weißt du, wo deine Klamotten herkommen?

© Katja Hillscher

Du willst es wissen?
▸ Dann finden wir es jetzt heraus!

Was du über Klamotten wissen solltest (1/2)

Viele Menschen wollen möglichst oft neue Kleidung. Schließlich ist jedes Jahr etwas anderes angesagt. Die alten Klamotten werden dann meist entsorgt. Dabei sind sie oftmals gar nicht kaputt. Doch brauchen wir wirklich so viel neue Kleidung?

Neue Kleidung wird aus Stoff hergestellt. Doch dieser Stoff muss erst einmal gewebt werden. Das geschieht meist in der Türkei oder in Polen. Dort werden die Stoffe dann auch gefärbt und gewaschen. Damit die Farbe möglichst lange im Stoff bleibt, wird er mit Chemikalien behandelt.

Wenn die Stoffe fertig sind, werden sie meist nach China, Bangladesch oder die Türkei gebracht. Dort wird aus den Stoffen Kleidung genäht, weil es in diesen Ländern für die Bekleidungsfirmen besonders günstig ist: Hier arbeiten Frauen, Männer und oft auch Kinder jeden Tag unzählige Stunden. Meist sind sie in Hallen ohne Tageslicht untergebracht. Viel Geld bekommen sie für die Arbeit nicht.

Doch nicht nur die Menschen leiden unter den Bedingungen. Auch unsere Umwelt wird ausgebeutet. Bei der Herstellung neuer Kleider werden unglaublich viel Wasser und giftige Chemikalien benötigt. Die giftigen Stoffe sind nicht nur in der Kleidung. Beim Waschen gelangen sie auch in das Abwasser. Wenn das Abwasser gereinigt wird, entsteht Klärschlamm. Dieser Klärschlamm wird oft als Dünger benutzt. So kommen die giftigen Chemikalien aus der Kleidung dann auf die Felder und von dort aus in den Boden.

Doch es gibt auch andere Kleidung.
Sie ist biologisch hergestellt.
Das bedeutet: Die Stoffe werden nicht mit Chemie behandelt.
Biologisch hergestellte Klamotten schaden der Umwelt also nicht.
Außerdem werden alle Menschen, die die Kleidung herstellen, gerecht bezahlt.

Was du über Klamotten wissen solltest (2/2)

© Katja Hillscher

© Katja Hillscher

1. **Schneide die Bilder aus. Klebe sie auf ein Blatt Papier.
Klebe ein Bild auf die Vorderseite und das andere auf die Rückseite.**
2. **Was glaubst du, wie sich die Menschen auf dem Bild fühlen?
Finde für jedes Bild passende Farben. Male die Bilder an.**
3. **Hast du den Text auf S. 51 gut gelesen?
Prima, dann schreibe zu jedem Bild, was du jetzt über Kleidung weißt.**

Ernährung

13. Erdbeeren im Winter?

Darum geht's

In unserer Gesellschaft ist der Anblick von Beeren im Winter längst zur Normalität geworden. Doch wann wachsen Erdbeeren, Himbeeren und andere Kern- sowie Steinobstsorten eigentlich wirklich? Das erfahren die Kinder in der folgenden Stunde. Geleitet werden sie dabei von einem Puzzle und einem Arbeitsblatt. Den Abschluss bilden die Zubereitung und der Genuss eines saisonalen Obstsalates.

Kompetenzerwartungen

Die Kinder wissen, wann welche Obstsorte Saison hat.

Materialliste

- Puzzle „So viel Auswahl" (S. 55)
- 1 Bogen weißer Karton (DIN A3)
- Schere
- Arbeitsblatt „Obst wächst nicht das ganze Jahr" (S. 56/57)
- Dokumentenkamera, Beamer, digitale Tafel, o. Ä.

Für jede 4er-Gruppe:

- Obst der Saison
- 4 Messer
- 4 Schneidebretter
- 1 Schüssel
- 4 kleine Schlüsseln
- 4 Gabeln
- Küchenpapier

Das bereiten Sie vor

Vergrößern Sie das Puzzle auf DIN A3 und kopieren Sie es auf Tonkarton. Schneiden Sie die einzelnen Teile aus und mischen Sie diese.

Kopieren Sie das zweiseitige Arbeitsblatt für jedes Kind. Kopieren Sie zusätzlich die Obst-Bilder (S. 57), schneiden Sie die Bilder aus und bereiten Sie damit eine Lösungsseite vor.

Stellen Sie das Ihnen zur Verfügung stehende Gerät bereit, um die Lösungsseite für alle Kinder gut sichtbar an die Klassenwand zu bringen.

Stundenverlauf

Einstieg

Kommen Sie mit Ihrer Klasse im Sitzkreis zusammen. Zeigen Sie den Kindern die vorbereiteten Puzzleteile und setzen Sie diese gemeinsam zusammen. Sobald die Mädchen und Jungen das zusammengefügte Puzzle betrachtet haben, können Sie mithilfe der folgenden Fragen in das Unterrichtsthema einsteigen:

- *Was seht ihr auf dem Bild?*
- *Welche Obstsorten kennt ihr?*
- *Was ist euer Lieblingsobst?*
- *Gibt es all diese Sorten das ganze Jahr über zu kaufen?*

Arbeitsphase

Sobald die Kinder ihre Plätze wieder eingenommen haben, erhalten sie das zweiseitige Arbeitsblatt (S. 56/57).
Die Kinder lesen zunächst den Text und ordnen das mitgelieferte Bildmaterial. Zeigen Sie anschließend die Lösungsseite und vergleichen Sie die Arbeitsergebnisse der Kinder damit.

Abschluss

Zum Schluss dürfen die Kinder ihren eigenen saisonalen Obstsalat herstellen. Teilen Sie die Klasse dafür in Kleingruppen ein und händigen Sie jeder Gruppe Obst und die benötigten Materialien aus. Nachdem die Gruppenmitglieder ihre Hände gewaschen haben, dürfen sie das Obst waschen, klein schneiden und genießen.

So viel Auswahl

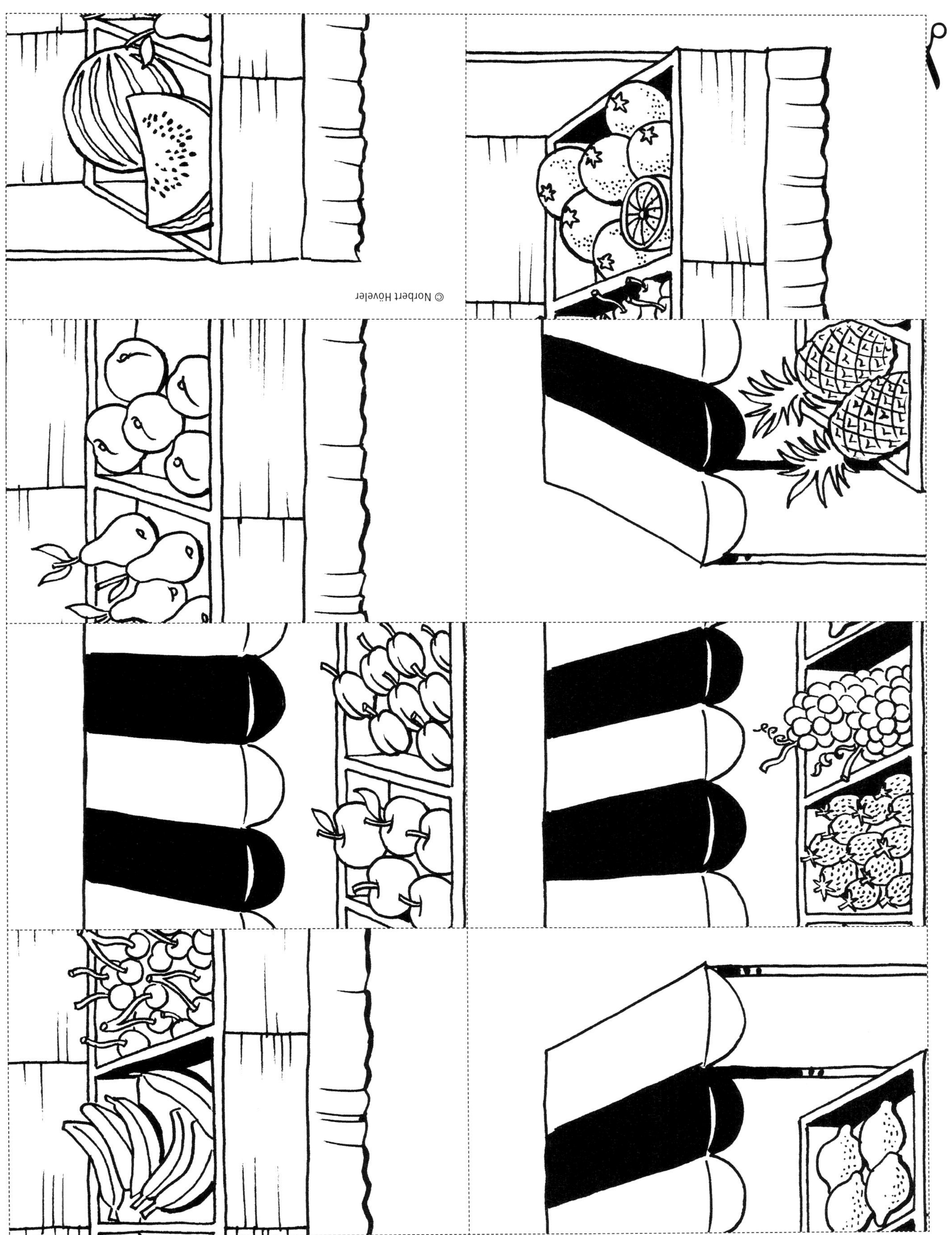

Obst wächst nicht das ganze Jahr (1/2)

Bestimmt warst du schon einmal im Supermarkt.
Vielleicht warst du sogar schon einmal auf einem Wochenmarkt.
Dort gibt es jede Menge verschiedene Obstsorten.

Im Supermarkt kannst du sogar das ganze Jahr über Erdbeeren und Himbeeren kaufen. Doch sie stammen nicht aus Deutschland.

Bei uns wachsen Beeren nur in den Sommermonaten.
Erdbeeren wachsen von Mai bis September.
Himbeeren und **Kirschen** wachsen von Juni bis August.
Im Juli und August gibt es in Deutschland noch andere Obstsorten.
Dann können **Heidelbeeren, Johannisbeeren** und **Pfirsiche** geerntet werden.
Von August bis Oktober gibt es noch viel mehr Obstsorten.
Hier werden **Pflaumen, Trauben, Äpfel** und **Birnen** reif.
Äpfel kann man unglaublich lange aufheben.
Sie halten bis zum Mai im nächsten Jahr.
Auch Birnen halten lange. Sie kann man bis zum Januar aufheben.

Andere Obstsorten, wie **Bananen, Kiwis, Melonen** und **Orangen,** wachsen bei uns nicht. Sie kommen aus anderen Ländern, wie zum Beispiel Südamerika, Spanien oder Afrika.

Bananen, Kiwis und Orangen kannst du bei uns das ganze Jahr über kaufen. Wassermelonen gibt es nur im Sommer zu kaufen.

  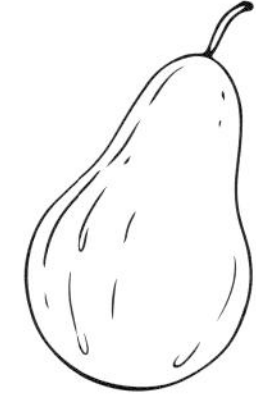   

1. **Schaue dir die Obstbilder auf der zweiten Seite an. Schneide die Bilder aus.**
2. **Klebe die Bilder in der richtigen Reihenfolge untereinander in dein Heft. Beginne mit dem Obst, das zuerst geerntet werden kann.**
3. **Schreibe neben jedes Bild, wann die Obstsorte reif ist.**

Obst wächst nicht das ganze Jahr (2/2)

14. Gemüse der Saison

Darum geht's

Auch wenn Gemüse für einige Kinder eine echte Zumutung darstellt, ist der Verzehr nach wie vor äußerst gesund und wichtig. Doch auch Gemüse beinhaltet einen Nachhaltigkeitsaspekt.
Welcher das ist, erfahren die Kinder in dieser Stunde.

Kompetenzerwartungen

Die Kinder ...

- kennen die Gemüsesaison,
- wissen, warum saisonaler Gemüseverzehr nachhaltig ist.

Materialliste

- Lesetext „Was wächst wann?" (S. 59)
- Arbeitsblatt „Gemüsekalender" (S. 60)
- Kopiervorlage „Gemüsesorten" (S. 61)

Für jedes Kind:

- 1 Bogen Kopierpapier (DIN A3),
- 1 Schere
- 1 Klebestift

Das bereiten Sie vor

Kopieren Sie den Lesetext für jedes Kind. Vergrößern Sie den Gemüsekalender auf DIN A3. Kopieren Sie die Vorlage „Gemüsesorten" 12-mal, da die Kärtchen mehrfach im Saisonkalender aufgeklebt werden.

Stundenverlauf

Einstieg

Erzählen Sie den Kindern, dass Sie sich heute mit dem Thema „Gemüse" beschäftigen wollen. Fragen Sie sie, welche Gemüsesorten sie kennen, und notieren Sie die Aussagen der Kinder in Form einer Mindmap. Schreiben Sie dazu das Wort „Gemüse" gut sichtbar an die Tafel.

Notieren Sie die genannten Gemüsesorten strahlenförmig um die Überschrift herum.

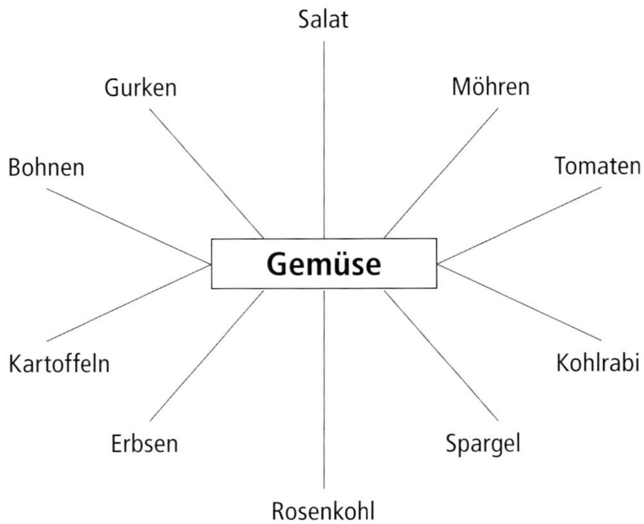

Arbeitsphase

Verteilen Sie die Lesetextkopien an die Kinder. Lesen Sie den Text gemeinsam und überprüfen Sie anschließend das Textverständnis mithilfe der folgenden Fragen:

- *Warum ist Gemüse gesund?*
- *Was sind Vitamine und Mineralien?*
- *Warum ist Gemüse, das aus anderen Ländern kommt, oft nicht so gesund?*
- *Warum schadet es der Natur, wenn wir Gemüse aus anderen Ländern kaufen?*
- *Was bedeutet das Wort „Gemüsesaison"?*

Abschluss

Kommen Sie abschließend mit den Kindern im Sitzkreis zusammen, um gemeinsam einen Saisonkalender zu gestalten. Die Kinder benötigen dazu ihren Lesetext.

Schneiden Sie gemeinsam die Bildvorlagen (S. 61) aus und kleben Sie diese an die richtige Stelle im Kalender. Wenn Sie möchten, können Sie den Saisonkalender noch mit eigenen Gemüsesorten ergänzen und ihn dann anschließend gut sichtbar im Klassenraum aufhängen.

Was wächst wann?

Auch wenn dir vielleicht nicht alle Gemüsesorten schmecken: Gemüse ist echt ziemlich gesund. Darin befinden sich viele Vitamine und Mineralien. So nennt man die Stoffe, die dein Körper braucht, um gesund zu bleiben.

Doch Gemüse wächst nicht das ganze Jahr über. Gemüse braucht Sonne und Wärme, um zu wachsen. Im Winter ist es bei uns einfach zu kalt dafür.

Doch viele Gemüsesorten kann man ziemlich lange aufheben. Das haben die Menschen schon so gemacht, bevor es Supermärkte gab.

Heute kannst du viele Gemüsesorten das ganze Jahr über kaufen. Vieles davon kommt aus anderen Ländern. Allerdings kann dieses Gemüse auch ungesunde Stoffe enthalten, die du mitisst. Warum?

Oftmals wird Gemüse mit Pflanzenschutzstoffen besprüht. Der Name klingt erst einmal gut. Doch diese Stoffe können, wenn du zu viele davon isst, gefährlich für den Menschen und die Umwelt sein.

Außerdem muss das Gemüse aus den anderen Ländern ja auch zu uns kommen. Es wird zum Beispiel mit dem Lkw oder dem Flugzeug hergebracht. Das schadet der Umwelt, weil ihre Abgase die Luft verschmutzen.

Du kannst aber dazu beitragen, dich und die Umwelt zu schützen. Das gelingt dir, indem du so oft wie möglich Gemüse isst, das der Jahreszeit entspricht. Man nennt das „Saison“ (sprich: säsoh).

Die Tabelle unten zeigt dir, in welchen Monaten das Gemüse geerntet oder aufbewahrt werden kann.

Die Gemüsesaison

Blumenkohl:	April bis November
Bohnen:	Mai bis September
Brokkoli:	Mai bis November
Chinakohl:	das ganze Jahr
Erbsen:	Juni bis Oktober
Gurken:	Februar bis Oktober
Kartoffeln:	das ganze Jahr
Kohlrabi:	April bis November
Kürbis:	Juli bis November
Möhren:	das ganze Jahr
Paprika:	Juli bis Oktober
Radieschen:	April bis November
Rosenkohl:	Oktober bis März
Rote Bete:	das ganze Jahr
Rotkohl:	das ganze Jahr
Salat:	April bis November
Spargel:	März bis Juni
Spinat:	April bis November
Tomaten:	März bis November
Weißkohl:	das ganze Jahr
Zucchini:	Juni bis Oktober

Gemüsekalender

Monat	Gemüsesorten
Januar	
Februar	
März	
April	
Mai	
Juni	
Juli	
August	
September	
Oktober	
November	
Dezember	

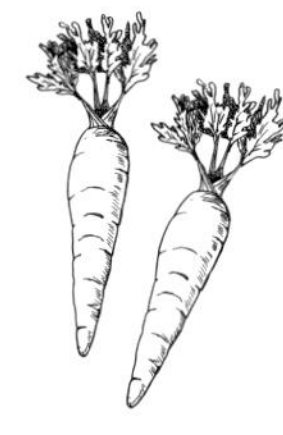

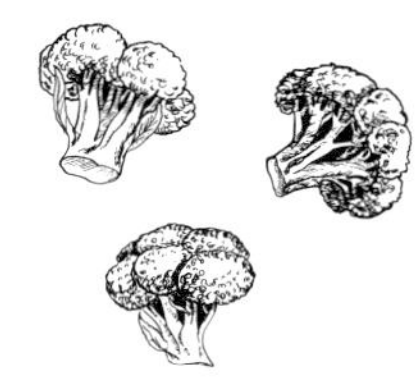

Gemüsesorten

Blumenkohl	Gurken	Salat	Kartoffeln
Chinakohl	Möhren	Paprika	Radieschen
Tomaten	Weißkohl	Zucchini	Kürbis
Spargel	Bohnen	Brokkoli	Rosenkohl
Rote Beete	Rotkohl	Kohlrabi	Spinat
Erbsen			

15. Glänzen alle Äpfel?

Darum geht's

In dieser Stunde lernen die Kinder den Unterschied zwischen behandelten und unbehandelten Äpfeln kennen. Dies dient quasi der Vorbereitung auf das Thema „Ökologische Landwirtschaft" (siehe Stunde 18). Hier wurde deshalb ganz bewusst auf die nähere Auseinandersetzung verzichtet. Vielmehr geht es darum, den Kindern aufzuzeigen, dass Lebensmittel (hier am Beispiel der Äpfel) künstlich verändert werden, um eine höhere Akzeptanz bei den Verbraucher*innen zu erzeugen. Dabei habe ich bewusst darauf geachtet, dass Thema so kindgerecht wie möglich aufzuarbeiten, und einen handlungsorientierten Ansatz gewählt, bei dem die Kinder selbstständig behandelte und unbehandelte Äpfel untersuchen und vergleichen.

Kompetenzerwartungen

Die Kinder ...

- wissen, dass viele konventionelle Äpfel mit Gas behandelt und anschließend gewachst werden,
- bilden sich ihre eigene Meinung über das Thema,
- testen und vergleichen behandelte und unbehandelte Äpfel.

Materialliste

- Forscherbogen „Apfelforschung" (S. 64)
- Lesetext „Jeder Apfel ist einzigartig" (S. 65)
- 1 Bio-Apfel
- 1 gewachster, konventioneller Apfel

Für jede Kleingruppe (5–6 Kinder):

- 2 Bio-Äpfel
- 2 gewachste, konventionelle Äpfel
- 1 Schneidebrett
- 1 Messer
- Küchenpapier

Das bereiten Sie vor

Kopieren Sie den Forscherbogen für jedes Kind. Fertigen Sie vom Lesetext eine Kopie an und knicken Sie diese an den entsprechenden Linien fächerartig.

Stundenverlauf

Einstieg

Erzählen Sie den Kindern, dass Sie sich heute einmal gemeinsam mit dem Thema „Äpfel" beschäftigen wollen. Dabei wollen Sie der Frage auf den Grund gehen, wo Äpfel eigentlich herkommen und ob es Unterschiede beim Anbau der Äpfel gibt.

Schreiben Sie dazu die Buchstaben des Wortes „Apfel" gut lesbar untereinander. Gestalten Sie gemeinsam mit den Kindern ein Akrostichon daraus. Hier können die Kinder ihr Vorwissen zu den oben genannten Fragen einfließen lassen und zu jedem der Buchstaben ein passendes Wort finden.

So könnte Ihr Tafelanschrieb dann aussehen:

A cker und Wiese
P rächtig
F eld
E rde
L and

15. Glänzen alle Äpfel?

Arbeitsphase

Teilen Sie die Kinder in Kleingruppen ein. Jede Gruppe sollte dabei aus fünf bis sechs Kindern bestehen. Sobald die Gruppenbesetzung steht, erhält jedes Team vier Äpfel (je zwei behandelte und zwei naturbelassene Exemplare) sowie die erforderlichen Materialien. Außerdem benötigt jedes Kind eine Kopie des Forscherbogens.

Nachdem die Kinder alle Äpfel sowie ihre Finger gewaschen haben, können sie sich auch gleich ans Werk machen und zu Apfelforscher*innen werden, indem sie die Äpfel mithilfe der Fragen auf dem Forscherbogen unter die Lupe nehmen.

Sobald alle Gruppen fertig sind, vergleichen Sie die Ergebnisse im Plenum. Gehen Sie dabei die einzelnen Fragen gemeinsam durch. Damit auch jedes Kind weiß, welche Apfelsorte Sie gerade besprechen, halten Sie den entsprechenden Apfel kurz hoch.

Abschluss

Laden Sie abschließend die Klasse in den Sitzkreis ein. Lesen Sie hier den Lesetext gemeinsam. Wählen Sie dazu ein Kind auf freiwilliger Basis aus, das den Anfang macht und den ersten Satz vorliest. Anschließend wählt das Kind einen Mitschüler oder eine Mitschülerin aus und reicht dem Kind den Text. Dieses Kind klappt das gefaltete Papier bis zur nächsten Markierung auf und liest den frei gewordenen Satz laut vor. Verfahren Sie auf diese Weise, bis der gesamte Text aufgedeckt wurde.

Nutzen Sie anschließend die folgenden Fragen, um die Stunde langsam ausklingen zu lassen:

- *Eben habt ihr selbst Äpfel getestet. Was glaubt ihr: Welche dieser beiden Sorten waren mit Wachs überzogen?*
- *Warum denkt ihr das?*
- *Was glaubt ihr: Warum werden manche Äpfel mit Wachs überzogen?*
- *Glaubt ihr, dass es gesund ist, die Schale dieser Äpfel zu essen?*
- *Ihr habt erfahren, dass manche Äpfel mit Gas behandelt werden. Warum macht man das?*
- *Was glaubt ihr: Sind diese Äpfel gesund?*
- *Äpfel, die weder mit Wachs noch mit Gas behandelt wurden, sehen unterschiedlich aus. Sie halten nicht so lange. Würdet ihr diese Äpfel trotzdem kaufen?*
- *Wie denkt ihr über das Thema?*

 Abb.: © Anja Boretzki

Apfelforschung

Werde zum Apfelforscher oder zur Apfelforscherin!
Beantworte die Fragen gemeinsam mit deiner Gruppe.
Trage deine Ergebnisse ein.

	Äpfel A	**Äpfel B**
Sind die Äpfel klein oder groß?		
Welche Farbe haben die Äpfel?		
Wie ist die Schale? Glänzt sie?		
Sind die Äpfel gleichmäßig rund?		
Sehen beide Äpfel von einer Sorte gleich aus?		
Haben die Äpfel Dellen?		
Wie riechen die Äpfel?		
Wie schmecken die Äpfel?		

Jeder Apfel ist einzigartig

Wenn du einen Apfelbaum betrachtest, kannst du etwas Erstaunliches sehen.

Kein Apfel gleicht dem anderen. Jeder Apfel ist einzigartig.

Dort gibt es große und kleine Äpfel. Manche Äpfel haben eine Delle oder sind knorrig.

Im Supermarkt jedoch ist das anders. Dort liegen die Äpfel einer Sorte zusammen.

Alle Äpfel sind gleich groß, rund und schön anzusehen.

Oft glänzen die Äpfel sogar.

Wie kann das sein?

Diese Äpfel sind behandelt. Sie werden mit einem Gas besprüht.

Dann halten sie länger und werden nicht runzlig.

Außerdem werden sie mit Wachs überzogen, damit sie schön glänzen.

Was meinst du? Sind das gesunde Äpfel?

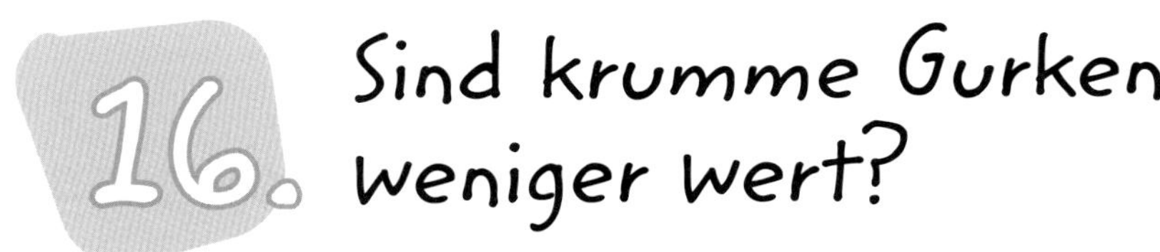

16. Sind krumme Gurken weniger wert?

Darum geht's

Obwohl die Gurkenverordnung bereits vor einigen Jahren außer Kraft gesetzt wurde, scheint sie noch immer Bestand zu haben. Nach wie vor landen viele Obst- und Gemüsesorten, die nicht der Norm entsprechen, im Müll anstatt im Supermarkt.

Dass dieser Irrsinn alles andere als nachhaltig ist, versteht sich von selbst. Genau darum geht es in der folgenden Unterrichtsstunde. Zunächst werden die Kinder mit unterschiedlichem Bildmaterial konfrontiert, um sich eine eigene Meinung zu bilden. Anschließend überprüfen sie diese mithilfe eines Arbeitsblattes.

Kompetenzerwartungen

Die Kinder ...

- wissen, dass Obst und Gemüse in Deutschland einer gewissen Norm entsprechen muss,
- denken darüber nach, was sich auf der Welt ändern würde, wenn Obst und Gemüse so wertgeschätzt würde, wie es gewachsen ist.

Materialliste

- Bildvorlage „Findest du den Unterschied?" (S. 67)
- Arbeitsblatt „Alles muss gleich aussehen, oder?" (S. 68)

Das bereiten Sie vor

Kopieren Sie die Bildvorlage und das Arbeitsblatt für jedes Kind.

Stundenverlauf

Einstieg

Verteilen Sie die Bildvorlagen an die Kinder. Die Kinder betrachten zunächst beide Bilder und notieren die Unterschiede.
Geben Sie den Kindern dazu ausreichend Zeit, bevor Sie die Ergebnisse mithilfe der folgenden Fragen gemeinsam im Plenum besprechen:

- *Was seht ihr auf dem ersten Bild?*
- *Was ist auf dem zweiten Bild zu sehen?*
- *Worin unterscheiden sich die Gurken auf dem ersten und zweiten Bild?*
- *Welche Gurken würdet ihr lieber essen?*
- *Warum gefallen euch diese Gurken besser?*

Arbeitsphase

Verteilen Sie die Arbeitsblattkopien an die Kinder.
Sie lesen den kurzen Text und beantworten anschließend die aufgeführten Fragen.

Sobald alle Kinder fertig sind, können Sie die Arbeitsergebnisse gemeinsam im Plenum besprechen.

Abschluss

Bitten Sie die Kinder, noch einmal die beiden Bilder aus der Einstiegsphase zu betrachten und zu überlegen, ob sich an ihrer Meinung inzwischen etwas geändert hat:

- *Zum Beginn der Stunde habe ich euch gefragt, welche Gurken ihr lieber essen würdet. Hat sich daran etwas geändert?*
- *Warum ist das so/nicht so?*
- *Wie denkt ihr darüber, dass so viele Lebensmittel weggeworfen werden, nur weil sie anders aussehen?*
- *Was würde sich auf der Welt ändern, wenn alle Menschen bereit wären, auch krummes Obst und Gemüse zu kaufen?*

Findest du den Unterschied?

Schaue dir die Gurken in Kiste 1 und in Kiste 2 an.
Welche Unterschiede findest du?
Schreibe auf:

....

....

....

....

....

....

....

Alles muss gleich aussehen, oder?

Im Supermarkt sehen meist alle Gurken gleich aus. Sie sind ungefähr gleich lang und nicht zu krumm. Das gilt nicht nur für Gurken, sondern auch für anderes Obst und Gemüse. Ist dir das schon mal aufgefallen?

Vor vielen Jahren gab es eine sogenannte **Gurkenverordnung**. Sie legte fest, wie krumm eine Gurke zu sein hatte. Diese Verordnung ist eigentlich schon mehrere Jahre abgeschafft. Trotzdem wird alles Obst und Gemüse, das anders aussieht, aussortiert. Es kommt gar nicht erst ins Geschäft. Dabei schmecken krumme Gurken, Birnen und Co. genauso gut.

Aber sie sehen eben meist nicht schön genug aus. Deshalb kann es passieren, dass sie einfach weggeworfen werden!

In vielen Teilen der Erde leiden Menschen großen Hunger. Ihnen wäre es egal, ob eine Gurke krumm oder gerade ist …

Es gibt Geschäfte, die Wert auf Vielfalt legen. Diese Leute sagen: „Es ist egal, wie eine Gurke aussieht. Hauptsache, sie schmeckt.“ Deshalb verkaufen diese Geschäfte auch krummes Obst und Gemüse. Es sind meist Bioladenbesitzerinnen und -besitzer, die so denken. Aber auch auf Bauernhöfen kann man Obst und Gemüse kaufen, das so ist, wie es ist.

1. **Was glaubst du: Warum wird krummes Obst und Gemüse nur selten im Supermarkt verkauft?**

....

....

....

....

2. **Würdest du krummes Obst und Gemüse essen? Begründe!**

....

....

....

....

....

Industriell verarbeitete Lebensmittel

Darum geht's

In dieser Stunde beschäftigen sich die Kinder mit industriell verarbeiteten Lebensmitteln. Zusätzlich könnten sie selbst nachhaltige Schokolade ohne Transfette herstellen. Planen Sie für diese Aktion jedoch noch eine zusätzliche Schulstunde ein.

Kompetenzerwartungen

Die Kinder ...

- können industriell verarbeitete und natürliche Lebensmittel unterscheiden,
- wissen um die schädliche Wirkung von zu vielen Transfetten in der Nahrung,
- können selbst Schokolade herstellen.

Materialliste

- Arbeitsblatt „Das Abc der Nahrungsmittel" (S. 70)
- Lesetext „Schnelles Essen aus dem Supermarkt" (S. 71)

Für die Zusatzaktion der Schokoladenherstellung:

- Rezept „Selbst gemachte Schokolade" (S. 72)
- Zutaten siehe Rezept (2- bis 3-fache Menge in Fairtrade-Qualität)
- Dokumentenkamera, Beamer, digitale Tafel o. Ä.
- je 1 Filzstift in schwarz, rot, grün

Das bereiten Sie vor

Fertigen Sie eine Kopie der Vorlage „Das Abc der Nahrungsmittel" an. Stellen Sie das Ihnen zur Verfügung stehende Gerät bereit, um die Vorlage für alle Kinder gut sichtbar an die Klassenwand zu projizieren. Kopieren Sie den Lesetext und das Rezept für jedes Kind.

Stundenverlauf

Einstieg

Zeigen Sie die Vorlage „Das Abc der Nahrungsmittel". Die Kinder nennen Ihnen Lebensmittel, die Sie mit dem schwarzen Filzstift auf der entsprechenden Linie eintragen. Dabei muss Ihre Klasse nicht zu jedem Buchstaben ein Wort nennen, da dies bei einzelnen Anfangsbuchstaben äußerst schwierig ist (Mehrfachnennung erlaubt). Notieren Sie dabei alles, was den Kindern in fünf Minuten einfällt – egal ob es sich um gesunde, nachhaltige oder ungesunde Lebensmittel handelt. Lassen Sie die Aussagen unkommentiert stehen. Zum Ende der Arbeitsphase gehen Sie darauf noch einmal genauer ein.

Arbeitsphase

Lesen Sie den Lesetext mit den Kindern und beantworten Sie gemeinsam die beiden Fragen:

1. Erkläre mit eigenen Worten, was Transfette sind.
2. Zu viele Transfette sind ungesund.
   Wie kannst du vermeiden, dass du zu viele isst?

Arbeiten Sie danach erneut mit dem selbst erstellten Abc der Nahrungsmittel: Welche dieser Nahrungsmittel sind nach Meinung der Kinder industriell verarbeitet? Kreisen Sie diese mit rot ein. Kreisen Sie dann gemeinsam alle naturbelassenen Nahrungsmittel (z. B. Obst) grün ein.

Abschluss

Nun stellen die Kinder nachhaltige Schokolade her. Teilen Sie die Rezeptkopien aus. Die Arbeit erledigen alle gemeinsam: Damit jedes Kind auch später von der Schokolade naschen kann, stellen Sie diese bitte in 3-facher Menge her. Lassen Sie die Schokolade eine halbe Stunde aushärten.

Das Abc der Nahrungsmittel

A ....

B ....

C ....

D ....

E ....

F ....

G ....

H ....

I ....

J ....

K ....

L ....

M ....

N ....

O ....

P ....

Q ....

R ....

S ....

T ....

U ....

V ....

W ....

X ....

Y ....

Z ....

Schnelles Essen aus dem Supermarkt

Im Supermarkt findest du viele unterschiedliche Lebensmittel. Viele dieser Nahrungsmittel sind jedoch nicht mehr natürlich.

Sie sind industriell verarbeitet. So nennt man das, wenn Essen in großen Fabriken hergestellt wird.

Um das besser zu verstehen, hilft dir ein Beispiel. Isst du gerne Kekse? Vielleicht hast du sogar schon einmal selbst welche gebacken. Dazu brauchst du Mehl, Butter, Zucker und manchmal auch Gewürze.

Im Supermarkt findest du industriell verarbeitete Kekse. Sie haben allerdings mit den selbst gebackenen Keksen nicht so viel gemeinsam. Die Supermarktkekse können chemische Zutaten und oft auch ungesunde Fette enthalten.
Diese ungesunden Fette werden „Transfette" genannt. Sie sind in vielen Keksen aus der Fabrik enthalten, weil die Kekse dann länger haltbar sind. Außerdem sind diese Transfette billiger als Butter. Transfette werden aus Pflanzenöl hergestellt und gehärtet (künstlich fest gemacht).

Wenn man zu viele von diesen Transfetten isst, kann es passieren, dass dein Körper sie in seine Zellen einbaut. Dort sorgen sie dafür, dass deine Zellen hart und unbeweglich werden. Du brauchst aber muntere Zellen, um gesund zu bleiben. Deshalb solltest du sie möglichst selten essen.

Zu viele Transfette können aber nicht nur für dich ungesund sein. Sie schaden auch der Umwelt. Die Öle kommen aus fernen Ländern und sind sehr lange mit dem Schiff unterwegs.

Transfette kannst du nicht nur in Keksen aus dem Supermarkt finden. Sie können auch zum Beispiel in Chips, Pommes, Schokolade und Fertiggerichten enthalten sein.

Wenn du wissen möchtest, ob in einem Lebensmittel Transfette enthalten sind, solltest du bei deinem nächsten Supermarkteinkauf immer auf die Zutatenliste achten. Sie findest du meistens auf der Rückseite der Lebensmittel. Hier steht zum Beispiel:

- „... enthält pflanzliches Fett, zum Teil gehärtet" oder
- „... enthält gehärtete Fette".

Mittlerweile verzichten aber auch einige Herstellerinnen und Hersteller von Supermarkt-Lebensmitteln auf Transfette oder haben die Menge zumindest reduziert.

In Biolebensmitteln sind keine gehärteten Fette enthalten.

Alternativ kannst du Kekse, Pommes, Schokolade und Co. auch selbst machen!

Selbst gemachte Schokolade

Deine Schokolade

Ihr braucht für 1 Tafel Schokolade:

- ➔ 70 g Kakaobutter
- ➔ 30 g Agavendicksaft
- ➔ 2 EL Kakao
- ➔ 1 EL Cashewmus
- ➔ 1 Prise Salz

außerdem:

- ➔ 1 Topf
- ➔ 1 kochfeste Schüssel
- ➔ 1 Schneebesen
- ➔ 1 Bogen Backpapier
- ➔ 1 kleine Auflaufform

So geht es:

1. Füllt Wasser in einen Topf.
   Stellt ihn auf den Herd und schaltet ihn an.
2. Gebt die Kakaobutter in die Schüssel.
   Stellt die Schüssel in den Topf.
3. Erwärmt nun die Kakaobutter.
   Rührt dabei mehrmals um,
   bis die Kakaobutter geschmolzen ist.
4. Nehmt die Schüssel aus dem Topf.
5. Rührt nun die übrigen Zutaten in die geschmolzene Kakaobutter.
6. Legt die Auflaufform mit Backpapier aus.
7. Gießt die Schokoladenmasse hinein.
8. Jetzt muss die Masse noch fest werden.
   Das dauert ca. eine halbe Stunde.

Anschließend könnt ihr die Schokolade genießen.

Ökologische Landwirtschaft

Darum geht's

In Deutschland ist die sogenannte „konventionelle Landwirtschaft" die häufigste Form der Landwirtschaft. Gleichzeitig ist sie aber auch nicht unumstritten. Nicht selten spielen dabei Pestizide und chemische Düngemittel eine Rolle. Doch was ist eigentlich konventionelle Landwirtschaft und was ist biologische Landwirtschaft als Alternative dazu? Diesen Fragen gehen die Kinder in der folgenden Stunde auf kindgerechte Weise auf den Grund. Als Grundlage dient dabei ein Dialog zweier Landwirte und die gezielte Recherche im Internet.

Kompetenzerwartungen

Die Kinder ...

- kennen den Begriff „Pestizide",
- kennen den Unterschied zwischen konventioneller und biologischer Landwirtschaft,
- erstellen eine Pro-und-Kontra-Liste zu den beiden Landwirtschaftsarten,
- bilden sich dazu eine eigene Meinung.

Materialliste

- Internetzugang
- Arbeitsblatt „Normale und Bio-Lebensmittel" (S. 74)
- 3 Notizzettel

Das bereiten Sie vor

Notieren Sie auf jedem der drei Notizzettel einen der folgenden Buchstaben: „B", „I", „O". Mischen Sie die Zettel anschließend gut durch. Kopieren Sie das Arbeitsblatt für jedes Kind.

Stundenverlauf

Einstieg

Laden Sie die Kinder in den Sitzkreis ein. Die drei Zettel liegen in der Mitte. Legen Sie diese gemeinsam zum Wort „BIO" zusammen. Anschließend dürfen die Kinder mutmaßen, was es mit dem Begriff auf sich hat. Vielleicht hat eines der Kinder auch schon einmal etwas darüber gehört? An dieser Stelle gibt es keine richtigen oder falschen Aussagen. Die Kinder dürfen sich völlig frei äußern.

Arbeitsphase

Verteilen Sie das Arbeitsblatt an die Kinder. Die Kinder lesen zunächst den kurzen Text, die Sprechblasen sowie den Infokasten und erstellen eine Pro-und-Kontra-Liste. Mit der zusätzlichen Recherchearbeit erweitern sie ihre Pro-und-Kontra-Liste, die als Grundlage zur Meinungsbildung dient.

Abschluss

Die 2er-Gruppen stellen ihre Arbeitsergebnisse im Plenum vor und sagen, was sie über das Thema „Normale und Bio-Lebensmittel" denken. Geben Sie den Kindern genügend Raum, ihre Meinung darzulegen. Achten Sie dabei auf eine entspannte Atmosphäre, in der unterschiedliche Meinungen toleriert werden.

Normale und Bio-Lebensmittel

Auf dem Bild unterhalten sich zwei Landwirte. Beide haben Ackerland, das sie bewirtschaften. Das heißt, sie bearbeiten ihr Ackerland, bauen Pflanzen wie Getreide und Gemüse an, um sie dann zu ernten und zu verkaufen.

1. **Arbeitet zu zweit.**
2. **Erstellt eine Pro-und-Kontra-Liste: Was spricht für (Pro) die Lebensmittel aus der konventionellen Landwirtschaft und was spricht dagegen (Kontra)?**
3. **Erweitert dann eure Pro-und-Kontra-Liste.** Informiert euch dazu über die „konventionelle Landwirtschaft" und über die „Biolandwirtschaft". Die Suchmaschinen „www.blinde-kuh.de" oder „www.fragfinn.de" helfen euch weiter.
4. **Wie denkt ihr über das Thema?**

Schon gewusst?

Pestizide sind Gifte, die als Pflanzenschutzmittel versprüht werden. Sie wirken zum Beispiel gegen …

- Insekten (Insektizide)
- Pilze (Fungizide)
- Wildpflanzen (Herbizide)

Natur und Umwelt

19. Wasser ist kostbar

Darum geht's

Wasser ist ein wichtiges Gut. Wir benötigen es nicht nur zur Flüssigkeitsaufnahme, sondern für viele Tätigkeiten in unserem Alltag. Wussten Sie, dass jede*r Deutsche zusätzlich zum Putzen, Kochen, Duschen, etc. 3 900 Liter virtuelles Wasser verbraucht? Somit ist unser Pro-Kopf-Verbrauch in den Industrienationen exorbitant.

In dieser Stunde erfahren die Kinder, wofür Wasser benötigt wird und überlegen sich geeignete Strategien, um den Wasserverbrauch zu senken. Unterstützt werden die Kinder dabei von einem Informationstext und einer Placemat-Vorlage.

Kompetenzerwartungen

Die Kinder …
- wissen, dass Wasser eine kostbare und schützende Ressource ist,
- kennen den Wasserverbrauch pro Kopf,
- wissen, was virtuelles Wasser ist,
- denken darüber nach, wie sie selbst Wasser einsparen können.

Materialliste

- Lesetext „So viel Wasser verbrauchst du jeden Tag" (S. 78)
- Kopiervorlage „Wie kannst du Wasser sparen?" (S. 79)

Für jedes Kind:
- 1 Blatt Papier
- 1 Stift
- 1 Klemmbrett/stabile Schreibunterlage

Das bereiten Sie vor

Kopieren Sie den Lesetext für jedes Kind.
Die Kopiervorlage (S. 79) benötigen Sie für jede 4er-Gruppe einmal.

Stundenverlauf

Einstieg

Notieren Sie die folgenden Fragen gut lesbar an der Tafel:
- *Welche Bedeutung hat Wasser für dich?*
- *Wofür benutzt du Wasser?*

Bitten Sie die Kinder, die Fragen auf ein Blatt Papier zu übertragen. Unter jeder Frage sollte dabei ausreichend Platz gelassen werden, damit die Kinder dort ihre Antworten eintragen können.

Sobald alle Kinder den Fragenkatalog abgeschrieben haben, „schwirren" sie als Reporterin*innen aus. Jedes Kind sucht sich ein Partnerkind, das es bezüglich der Fragen interviewt. Die Antworten des Partnerkindes werden auf dem Blatt Papier festgehalten.

Haben sich die Partnerkinder gegenseitig befragt, „schwirren" beide Reporter*innen erneut aus und suchen sich ein neues Partnerkind.

Wenn alle Kinder mindestens drei Partnerkinder befragt haben, kommen alle im Sitzkreis zusammen.

Vergleichen Sie dort die Umfrageergebnisse mithilfe der folgenden Fragen:
- *Was habt ihr über die Bedeutung von Wasser erfahren?*
- *Welche Rolle kann Wasser noch spielen?*
- *Wozu brauchen wir Wasser in unserem Leben? (Trinken, Kochen, Waschen, Putzen. etc.)*

19. Wasser ist kostbar

Arbeitsphase

Verteilen Sie die Lesetextkopien an die Kinder. Lesen Sie den Text gemeinsam im Plenum. Bei der anschließenden Besprechung helfen Ihnen die folgenden Fragen:

- *Wozu benutzen wir Wasser?*
- *Was ist virtuelles Wasser?*
- *Was zählt alles zum virtuellen Wasser?*
- *Schaut euch einmal die Auflistung des Wasserverbrauchs genau an. Denkt ihr, das ist viel oder wenig Wasser pro Tag?*
- *Hättet ihr gedacht, dass jede und jeder von uns so viel Wasser am Tag benötigt?*

Erzählen Sie den Kindern anschließend, dass Wasser eine sehr kostbare Ressource ist, die nicht unbegrenzt zur Verfügung steht. Deshalb ist es wichtig, dass wir alle einen respektvollen Umgang mit dem Element anstreben und das wertvolle Gut nicht achtlos verschwenden.

Im Folgenden dürfen die Kinder nun einmal selbst überlegen, wie sie Wasser sparen können. Teilen Sie die Klasse dazu in 4er-Gruppen ein. Jede Gruppe erhält eine Placemat-Vorlage. Darin notiert jedes Gruppenmitglied in dem vor ihm liegenden Feld all seine Ideen. Das Feld in der Mitte bleibt zunächst frei.

Erst, wenn alle Gruppenmitglieder ihre Einfälle notiert haben, tauschen die Kinder ihre Ideen aus und einigen sich auf gemeinsame Vorschläge, die im freien Feld in der Mitte notiert werden.

Ideen zum Wassersparen

- *Wasser beim Händewaschen, Zähneputzen und Duschen nicht unnötig lange laufen lassen*
- *duschen statt baden*
- *Kleider nicht unnötig oft waschen, sondern zwischendurch auch einfach nur lüften*
- *keine unnötigen Kleider kaufen (für die Textilherstellung wird jede Menge Wasser benötigt)*
- *regionales Obst- und Gemüse kaufen (Treibhäuser in wasserarmen Ländern benötigen viel Wasser)*

Abschluss

Geben Sie abschließend allen Gruppen die Gelegenheit, ihre Ideen im Plenum zu präsentieren.

Überlegen Sie zum Schluss, welche Ideen sie gemeinsam im Klassenverband umsetzen wollen und können.

Stunde 2 in diesem Buch beschäftigt sich ebenfalls mit dem Thema „Wasser". Hier geht es primär um die Verschmutzung der Gewässer durch unseren Plastikmüll. Sofern noch nicht geschehen, können Sie diese Stunde anschließend durchführen.

So viel Wasser verbrauchst du jeden Tag

Wasser benutzt du jeden Tag. Du trinkst es. Du wäschst dich, duschst, badest. Du wäschst dir die Hände. Du benutzt Wasser auf dem WC. Du brauchst Wasser zum Kochen. Wasser wird zum Spülen verwendet. Du brauchst Wasser, damit deine Wäsche sauber wird. Auch zum Putzen wird Wasser verwendet.

Es gibt aber noch viel mehr, wozu Wasser gebraucht wird. Für die Lebensmittel, die du isst, wird Wasser verbraucht. Pflanzen müssen gegossen werden.

Dem Brotteig wird Wasser zugefügt und vieles mehr.

Auch für die Herstellung deiner Kleider wird Wasser benötigt. Für alles, was hergestellt wird, braucht man Wasser. Da man diesen Wasserverbrauch oft nicht sehen kann, wird er **„virtuelles Wasser“** genannt.

Jeder Mensch in Deutschland verbraucht pro Tag etwa **3 900 Liter virtuelles Wasser**. Ganz schön viel, oder?

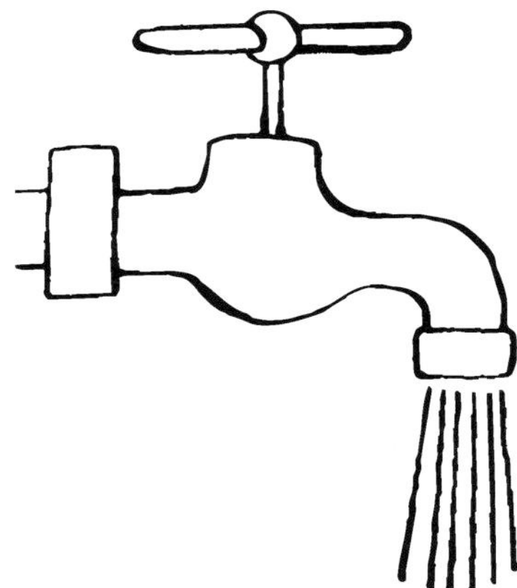

An einem Tag brauchst du etwa so viel Wasser:

Händewaschen:	2,5 Liter
Duschen:	50 Liter
Toilette:	5 Liter
Wäschewaschen:	50 Liter
Kochen:	2,5 Liter
Spülen/Putzen:	15 Liter
Virtuelles Wasser:	3 900 Liter

Wie kannst du Wasser sparen?

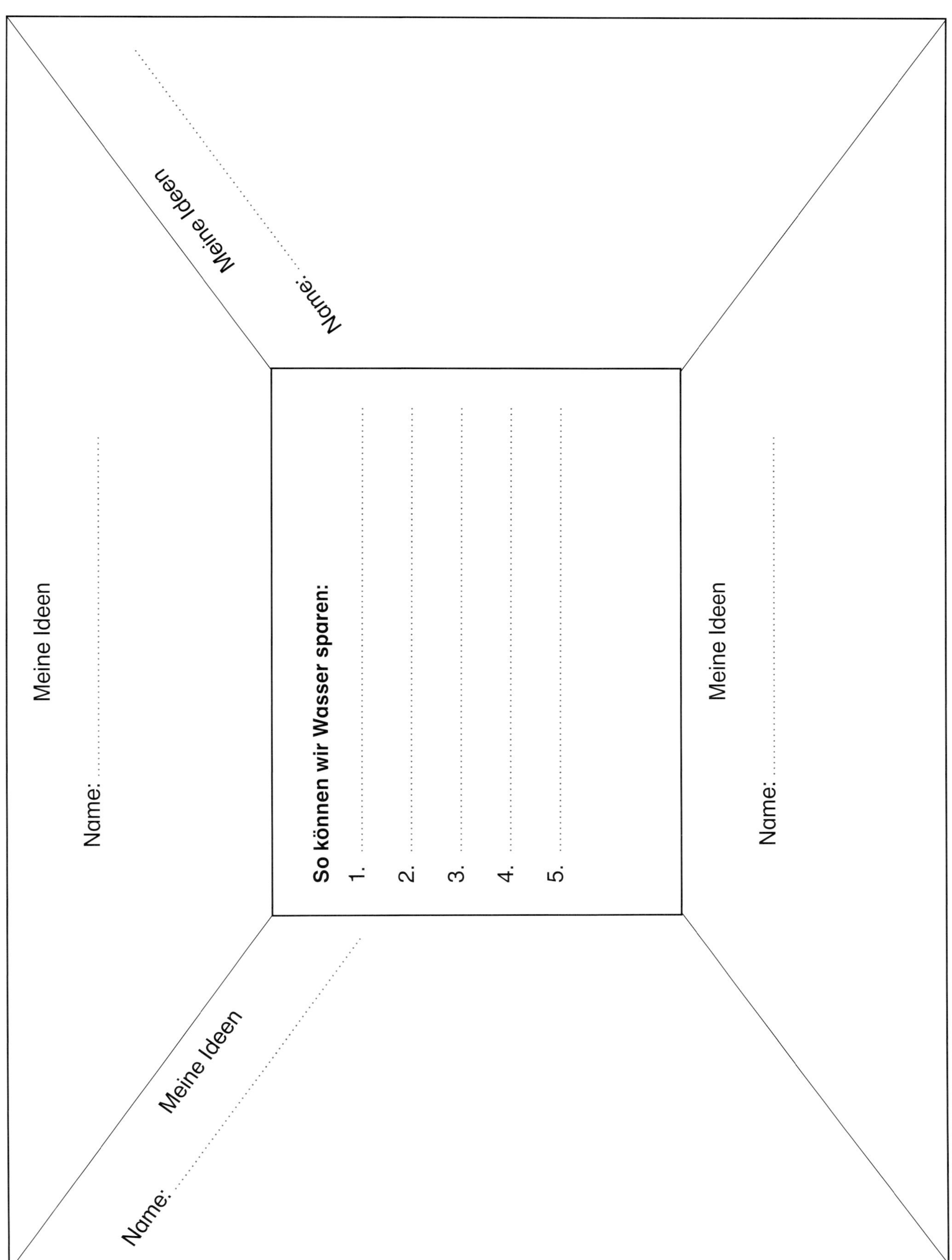

20. Der Wald spendet Leben

Darum geht's

Der Wald dient nicht nur vielen Tieren als Lebensraum, sondern trägt auch maßgeblich zu unserem Wohlergehen bei. Was der Wald alles für Mensch und Tier tut, erfahren die Kinder in der folgenden Unterrichtsstunde.
Sie betrachten ein Bild, lesen einen Text, beantworten Fragen und gestalten ein Akrostichon.

Kompetenzerwartungen

Die Kinder …
- wissen um die Bedeutung des Waldes für Mensch und Tier,
- kennen ausgewählte „Aufgaben" des Waldes in unserem Ökosystem,
- entwickeln Wertschätzung für den Wald.

Materialliste

- Bildvorlage „Der Wald schenkt Leben" (S. 81)
- Lesetext und Arbeitsblatt „Der Wald hat viele Aufgaben" (S. 82/83)
- Kopierpapier DIN A3

Das bereiten Sie vor

Kopieren Sie die Bildvorlage auf DIN A3 vergrößert. Fertigen Sie für jedes Kind eine Kopie des Lesetextes und des gleichnamigen Arbeitsblattes an.

Stundenverlauf

Einstieg

Laden Sie die Klasse in den Sitzkreis ein. Betrachten Sie dort zunächst gemeinsam die Bildvorlage „Der Wald schenkt Leben". Nachdem die Kinder die Bildelemente in aller Ruhe betrachtet haben, besprechen Sie die Darstellung mithilfe der folgenden Fragen:
- *Was seht ihr auf dem Bild?*
- *Wisst ihr, wie die Tiere heißen?*
- *Was wisst ihr über sie?*
- *Welche Pflanzen könnt ihr auf dem Bild erkennen?*
- *Kennt ihr eine dieser Pflanzen?*
- *Schaut euch die Bildüberschrift genau an. Was könnte damit gemeint sein?*

Arbeitsphase

Zurück am Platz, erhalten die Kinder den Lesetext sowie das zugehörige Arbeitsblatt. Nachdem die Kinder den Text gelesen haben, beantworten sie eigenständig die Fragen auf dem Arbeitsblatt.

Vergleichen Sie abschließend die Ergebnisse im Plenum.

Abschluss

Den Abschluss der Unterrichtsstunde bildet eine Kreativaufgabe. Notieren Sie dazu die Buchstaben W A L D untereinander an der Tafel und gestalten Sie gemeinsam mit der Klasse ein Akrostichon dazu.

W under
A lles lebt
L uft
D aheim

Wenn Sie noch genügend Zeit haben, kann die Abschlussphase auch zunächst in Einzelarbeit erfolgen. Anschließend dürfen die Kinder ihr Akrostichon vorstellen.

Der Wald schenkt Leben

Der Wald hat viele Aufgaben (1/2)

Der Wald ist nicht nur für Tiere wichtig. Auch für uns Menschen hat der Wald eine ganz besondere Bedeutung. Viele Leute gehen hier spazieren, um sich zu erholen.

Außerdem ist der Wald Lebensraum für viele Tiere. Dort wohnen Hasen, Rehe, Wildschweine, Mäuse und Vögel. Auch Dachse und Wölfe sowie viele andere Tiere sind hier zu Hause. Im Wald finden sie Schutz und Nahrung. Durch die vielen Bäume ist es auch im Sommer sehr angenehm kühl im Wald.

Wusstest du, dass der Wald für die Luft zuständig ist?
Ja, du hast richtig gelesen. Der Wald stellt den Sauerstoff her, den du atmest. Ohne Wald könnten weder Tiere noch Menschen überleben. Eine sehr alte, große Buche stellt pro Tag so viel Sauerstoff her, wie etwa 25 Menschen täglich zum Atmen brauchen.

Unglaublich, oder?

Der Wald stellt aber nicht nur Sauerstoff her. Er reinigt auch die Luft. Oft ist jede Menge Staub in der Luft. Er kommt von den Autoabgasen und den Maschinen.

Die Bäume machen die Luft wieder sauber.

Bäume stellen auch noch andere Stoffe her. Mit diesen Stoffen schützen sie sich selbst vor Krankheiten. Viele meinen, dass diese Stoffe auch den Menschen guttun können, wenn man sie beim Waldspaziergang einatmet. Diese Stoffe haben einen schweren Namen. Sie heißen Phytonzide. Das spricht man so: Fütonzide.

Der Wald hat aber noch eine wichtige Aufgabe. Der Waldboden speichert Wasser.
Regen und Schmelzwasser versickern im Boden. Hier wird das Wasser gereinigt. Der Waldboden ist dabei so gründlich, dass man das gereinigte Wasser sogar trinken könnte. Danach kommt es ins Grundwasser. Dort steht es den Pflanzen, Tieren und Menschen zur Verfügung.

Toll, oder?

Der Wald hat viele Aufgaben (2/2)

Hast du den Text gut gelesen? Prima, dann bist du jetzt ein Waldexpertee oder eine Waldexpertin und kannst die folgenden Fragen beantworten.

1. Welche Rolle spielt der Wald für die Tiere? Kreuze an.

- ☐ Sie leben hier.
- ☐ Sie können sich hier verstecken.
- ☐ Sie finden hier Schutz.

2. Warum ist der Wald wichtig für die Luft?

....

....

....

3. Wofür sind Phytonzide gut?

....

....

....

4. Was kann der Wald noch?

....

....

....

21. Unsere Vögel

Darum geht's

In dieser Stunde dreht sich alles um unsere heimischen Singvögel. Zunächst beobachten die Kinder die tollen Lebewesen, bevor sie anschließend einen Futterplatz herstellen.

Kompetenzerwartungen

Die Kinder …
- entwickeln Achtsamkeit für Singvögel,
- wissen, warum Vögel auf unsere Hilfe angewiesen sind.

Materialliste

- Bastelanleitung „Mein Vogelfutterhäuschen" (S. 85)
- 1 leerer Getränkekarton für jedes Kind
- übrige Materialien siehe S. 85

Das bereiten Sie vor

Kopieren Sie die Bastelanleitung für jedes Kind. In dieser Stunde benötigt jedes Kind einen leeren und gespülten Saft- oder Milchkarton. Bitten Sie die Kinder, diesen im Vorfeld mitzubringen. Da erfahrungsgemäß nicht alle Kinder daran denken werden, halten Sie einige Getränkekartons auf Reserve bereit.

Stundenverlauf

Einstieg

Bitten Sie die Kinder, sich einen Platz am Fenster zu suchen. Nun müssen alle versuchen, möglichst ruhig und leise stehen zu bleiben. Ihre Aufgabe ist es nämlich, die Vögel vor dem Klassenzimmer zu beobachten. Steht hier ein Baum vor dem Fenster, umso besser. Doch auch ganz ohne Baum lassen sich in der Umgebung Vögel bestaunen. Dazu sollten allerdings hektische Bewegungen vermieden werden. Auch wenn die Vögel die Kinder bei geschlossenem Fenster nicht unbedingt hören können, ist eine gewisse Ruhe unabdingbar. Nur so kann sich jedes Kind auf seine Aufgabe konzentrieren.

Nach einigen Minuten nimmt jedes Kind wieder Platz. Reflektieren Sie die Beobachtungen anhand der folgenden Fragen:
- *Wie viele Vögel habt ihr ungefähr gesehen?*
- *Wie sahen sie aus?*
- *Wisst ihr, wie die Vögel heißen?*
- *Was wisst ihr über Vögel?*

Arbeitsphase

Erzählen Sie den Kindern, dass es die Vögel in Deutschland immer schwerer haben. Viele Wälder wurden abgeholzt. Immer mehr natürliche Wiesen und Hecken weichen Parkflächen und Mauern. Mit dem Verlust ihres natürlichen Lebensraums sinkt auch das Nahrungsangebot. Vögel ernähren sich von Insekten, Beeren und Früchten. Gerade im Winter ist es besonders schwer, Nahrung zu finden. Doch auch in den übrigen Jahreszeiten sind die Vögel auf Hilfe angewiesen. Deshalb baut nun jedes Kind ein eigenes Vogelfutterhäuschen.
Dafür benötigen die Kinder die Bastelanleitung sowie die Bastelmaterialien.

Abschluss

Überlegen Sie abschließend, welche Nahrungsmittel sich am besten für die Vögel eignen (Haferflocken, Sonnenblumenkerne, Kürbiskerne, Rosinen, Walnüsse, gehackte Haselnüsse …) und wo die Häuschen aufgehängt werden können. (Hier sollte ein sicherer Platz gewählt werden, an den keine Katzen und andere Räuber gelangen können.)

Mein Vogelfutterhäuschen

Du brauchst:

- ➔ 1 leerer Getränkekarton mit Schraubverschluss
- ➔ 1 alte Zeitung
- ➔ Acrylfarbe (zum Beispiel gelb, rot, blau, grün)
- ➔ 1 Pinsel
- ➔ 1 leeres Wasserglas
- ➔ 1 Schere
- ➔ 1 Wollfaden zum Aufhängen
- ➔ 1 Holzstab

So geht es:

1. Decke deinen Tisch mit alter Zeitung ab. So bleibt er schön sauber.
2. Schneide ein großes Loch in eine der großen Seiten deines Kartons. Hier kommt später das Futter hinein. Achte darauf, dass das Loch nicht zu groß ist. Sonst fällt das Futter wieder heraus. Das Loch darf auch nicht zu klein sein. Sonst können die Vögel nicht ins Häuschen hinein.
3. Male deinen Milch- oder Saftkarton mit den Farben an.
4. Nach dem Trocknen stichst du den Holzstab unterhalb des Lochs ein. Hier können die Vögel später landen.
5. Suche dir zu Hause oder in der Schule einen schönen Platz für das Futterhäuschen. Achte darauf, dass es nicht zu nah am Boden ist, so schützt du deine neuen Freunde vor Katzen und anderen Jägern.
6. Denke daran, deine gefiederten Freunde regelmäßig zu füttern. Sie freuen sich darüber.

22. Saubere Luft

Darum geht's

In dieser Stunde widmen sich die Kinder hautnah dem Element Luft. Sie erfahren, wie wichtig saubere Luft für Menschen und Tiere ist und überlegen, wie sie aktiv der Luftverschmutzung entgegenwirken können.

Kompetenzerwartungen

Die Kinder ...
- wissen um die Bedeutung sauberer Luft,
- kennen Möglichkeiten, der Luftverschmutzung entgegenzuwirken.

Materialliste

Forscherbogen „Die Luft und ich" (S. 87)

Für jedes Kind:
- 1 Sitzkissen
- 1 Klemmbrett
- 1 Stoffbeutel
- 1 Stift

Das bereiten Sie vor

Diese Stunde verbringen Sie mit den Kindern komplett im Freien. Da die Kinder Achtsamkeit für die Luft entwickeln sollen, wählen Sie bitte eine Umgebung aus, die möglichst naturbelassen ist und in der Sie ungestört sind.

Stundenverlauf

Einstieg

Führen Sie die Kinder in die auserwählte Umgebung. Jedes Kind nimmt sein Sitzkissen, Klemmbrett und seinen Stift im Stoffbeutel mit. Dort angekommen, breiten die Kinder (je nach Witterungsverhältnissen) ihr mitgebrachtes Sitzkissen aus und machen es sich darauf gemütlich. Verteilen Sie die Forscherbogen an die Kinder.

Machen Sie ihnen hier bitte deutlich, dass es keine falschen Antworten gibt. Jedes Kind darf seine individuellen Erfahrungen völlig frei aufschreiben.

Arbeitsphase

Tauschen Sie sich zunächst über die Erfahrungen der Kinder aus. Gehen Sie dazu die einzelnen Punkte des Forscherbogens gemeinsam durch.

Erzählen Sie den Kindern anschließend, wie wichtig die Luft für uns Menschen und die Tiere ist. Luft enthält Sauerstoff, der unser Überleben sichert. Ohne diesen Sauerstoff könnten weder die Tiere noch wir Menschen überleben. Den Sauerstoff produzieren die Pflanzen und Bäume für uns. Allerdings sorgen wir Menschen dafür, dass die Luft nicht lange rein und sauber ist. Autos, Busse, Flugzeuge und Fabriken – sie alle verschmutzen die Luft.

Nutzen Sie die folgenden Fragen für ein Gespräch:
- *Wie denkt ihr über saubere Luft?*
- *Was können wir machen, um die Luft nicht zu verschmutzen? (öfter mit dem Fahrrad fahren, zu Fuß gehen, auf Flugreisen verzichten, weniger unnütze Dinge kaufen, etc.)*

Abschluss

Bitten Sie die Kinder, ihre Erkenntnisse in Form eines Akrostichons auf der Rückseite des Forscherbogens festzuhalten. Die Kinder notieren dazu die Buchstaben L U F T untereinander und schreiben ein passendes Wort oder einen Satz dahinter. Wer mag, darf sein Akrostichon abschließend vorlesen.

L iebe
U mwelt
F ür alle
T iere und Menschen

Die Luft und ich

Herzlich willkommen in der Natur!
Genieße die frische Luft um dich herum.
Schließe für einen Moment deine Augen und konzentriere dich ganz bewusst auf die Luft.
Nimm dir dafür alle Zeit, die du brauchst.
Öffne anschließend wieder deine Augen und schreibe deine Beobachtungen auf.

1. So hat die Luft für mich gerochen:

....

....

....

2. So hat sich die Luft auf meiner Haut angefühlt:

....

....

....

3. Als ich die Luft eingeatmet habe, war das …

....

....

....

4. Luft ist für mich ...

....

....

....

5. Luft ist wichtig, weil…

....

....

....

23. Strom ist nicht gleich Strom

Darum geht's

In dieser Stunde dreht sich alles um Strom. Die Kinder überlegen eingangs, wofür Strom benötigt wird und lernen anschließend (vereinfacht dargestellt) die Methoden der Energieproduktion kennen.

Kompetenzerwartungen

Die Kinder …
- wissen, wofür Strom im Alltag benötigt wird,
- kennen verschiedene Möglichkeiten, Strom zu produzieren,
- bilden sich ihre eigene Meinung über die Herstellungswege von Strom.

Materialliste

- Bildvorlage „Strom unter der Lupe" (S. 89)
- Lesetext „Wo kommt Strom eigentlich her?" (S. 90)

Das bereiten Sie vor

Kopieren Sie die Bildvorlage für jedes 2er-Team. Die Lesetexte benötigen Sie im Klassensatz

Stundenverlauf

Einstieg

Verteilen Sie die Bildkopien an die Kinder. Geben Sie den Mädchen und Jungen genügend Zeit, die einzelnen Bildausschnitte in Ruhe zu betrachten, bevor Sie gemeinsam überlegen: *Wofür benötigen wir alles Strom?*

An dieser Stelle dürfen die Kinder selbstverständlich auch Anwendungsbereiche nennen, die auf dem Bild nicht dargestellt sind.

Arbeitsphase

Verteilen Sie die Lesetextkopien an die Kinder. Lesen Sie den Text zunächst gemeinsam laut im Plenum. Nutzen Sie anschließend die folgenden Fragen, um den Inhalt zu erörtern:
- *Welche Möglichkeiten gibt es, um Strom herzustellen?*
- *In Wärmekraftwerken werden Stoffe wie Erdöl oder Erdgas benutzt, um Strom herzustellen. Erdöl und Erdgas findet man ganz tief in der Erde. Beides kann nicht nachwachsen. Um daran zu kommen, werden große Löcher in die Erde gegraben und vieles zerstört. Wie denkt ihr darüber?*
- *Strom, der aus Wind, Wasser oder mithilfe der Sonne hergestellt wird, heißt „Strom aus erneuerbaren Energien". Habt ihre eine Idee, was damit gemeint sein könnte?*
- *Wie denkt ihr über Strom aus Wind/Sonne/Wasser?*
- *Was, glaubt ihr, ist von all diesen Dingen die beste Möglichkeit für uns und unsere Natur, um Strom herzustellen?*

Abschluss

Machen Sie den Kindern abschließend noch einmal deutlich, welch enorme Rolle der Strom für uns und unsere Umwelt spielt. Überlegen Sie gemeinsam, warum es so wichtig ist, genau zu überlegen, welchen Strom man benutzen möchte.

Strom unter der Lupe

Wo kommt Strom eigentlich her?

Strom aus Kohle, Erdgas, Erdöl und Uran

Der meiste Strom wird in sogenannten „Wärmekraftwerken“ hergestellt. Hier wird aus Kohle, Erdgas oder Erdöl Strom gemacht. In den sogenannten „Atomkraftwerken“ nutzt man dazu einen unsichtbaren Stoff namens Uran. All diese Stoffe werden in riesigen Kesseln zu Strom umgewandelt. Weil Strom nicht so gut gespeichert werden kann, müssen die Wärmekraftwerke rund um die Uhr laufen. Schließlich willst du ja immer Strom zur Verfügung haben.

Strom aus Wasser

Ein Teil des Stroms wird in Wasserkraftwerken hergestellt. Es gibt verschiedene Arten dieser Kraftwerke. Auf Bergen zum Beispiel gibt es sogenannte „Speicherwasserwerke“. Hier wird aus der Kraft des Wassers Strom gemacht.

Strom aus Wind

Strom kann man auch in Windkraftanlagen herstellen. Auf freien Flächen stehen riesige Windräder. Wenn der Wind stark genug weht, wird hier Strom hergestellt. Je stärker der Wind ist, desto mehr Strom entsteht.

Strom aus Sonne

Ein Teil des Stroms wird in sogenannten „Solaranlagen“ hergestellt. Du weißt ja, dass die Sonne ziemlich viel Kraft hat. In den Solaranlagen wird die Sonnenenergie in Strom umgewandelt.

24. Wie kannst du Strom sparen?

Darum geht's

Stromsparen ist wichtig, keine Frage. Es schont unsere Ressourcen. Die Kinder nähern sich der Thematik hier auf kindgerechte Weise mithilfe eines Lesetextes an. Hierin erfahren sie, dass nicht alle Menschen auf der Welt Zugang zu Strom haben. Abschließend führen sie gemeinsam im Plenum eine Stromsparkonferenz durch.

Kompetenzerwartungen

Die Kinder ...
- gewinnen Wertschätzung für Strom,
- reflektieren ihren Umgang mit Strom,
- denken über Möglichkeiten des Stromsparens nach.

Materialliste

Lesetext „Ein Leben ohne Strom" (S. 92)

Das bereiten Sie vor

Kopieren Sie den Lesetext für jedes Kind.

Stundenverlauf

Einstieg

Verteilen Sie die Lesetextkopien und lesen Sie den Text gemeinsam im Plenum.

Arbeitsphase

Überlegen Sie gemeinsam mit den Kindern, wie sich ihr Leben von Lamias Leben unterscheidet. Dabei helfen Ihnen diese Fragen:
- *Was habt ihr über Lamias Leben erfahren?*
- *Wie stellt ihr euch ein Leben ohne Strom vor?*
- *Lamia nennt Strom „kostbar". Wie denkt ihr darüber?*

Machen Sie den Kindern deutlich, dass Strom tatsächlich ein äußerst kostbares Gut ist. Viele Menschen leben weltweit ganz ohne Strom und müssen somit auf die Annehmlichkeiten unseres Lebens verzichten. Führen Sie deshalb nun gemeinsam mit Ihrer Klasse einen „Stromgipfel" durch. Schreiben Sie den Begriff „Stromsparen" gut lesbar an die Tafel. Jedes Kind hat nun zunächst fünf Minuten Zeit, alles aufzuschreiben, was ihm dazu einfällt. Dabei kann es sich sowohl um konkrete Ideen zur Umsetzung als auch um seine Meinung zum Thema handeln. *(z. B. Licht ausschalten beim Verlassen des Raums, Energiesparmodus bei Elektrogeräten, wenn möglich, aktivieren, Waschmaschinen immer nur ganz befüllen und anstellen, Kochtöpfe mit Deckel beim Kochen benutzen etc.)*

Nach Ablauf der Zeit stellen möglichst viele Kinder auf freiwilliger Basis ihre Ideen und Gedanken vor.

Abschluss

Stimmen Sie gemeinsam mit den Kindern über ein Stromsparprogramm ab. Welche der genannten Ideen sind zu Hause und in der Schule tatsächlich umsetzbar? Notieren Sie die Ergebnisse auf einem Blatt Papier und hängen Sie es im Klassenraum auf.

Damit das Stromsparen auch tatsächlich umgesetzt wird, können Sie jede Woche zwei Strombeauftragte küren. Ihre Aufgabe ist es dann, darauf zu achten, dass alle beschlossenen Punkte zum Stromsparen auch tatsächlich umgesetzt werden.

Ein Leben ohne Strom

Die ersten Sonnenstrahlen wecken Lamia schon früh am Morgen. Sie weiß nicht, wie spät es ist. Aber es ist Zeit, aufzustehen. Immerhin gibt es viel zu tun.

Eine Uhr hat Lamia nicht. Sie braucht auch keine. Lamia und ihre Familie richten sich ganz nach der Sonne. Sie weckt die Familie am Morgen. Wenn die Sonne untergeht, gehen alle schlafen. So war das schon immer.

Lamia kennt das nicht anders.

Freudig springt Lamia von der Matte auf. Dort hat sie gemeinsam mit ihren vier Geschwistern die Nacht verbracht. Nun wird es Zeit für Lamia und ihre Geschwister, zum Brunnen zu laufen. Dort müssen sie Wasser holen. In der kleinen Hütte in dem Dorf in Mali (Westafrika), wo Lamia wohnt, gibt es kein Wasser. Es gibt im ganzen Dorf nämlich keinen Strom. Den bräuchte man, um Wasser in die Häuser zu leiten.

Lamias Tante hat neulich von Deutschland erzählt. Dort soll es ganz ungewöhnliche Dinge geben. Die Menschen haben Licht in ihren Häusern. Keine Öllampe, wie in Lamias Dorf. Nein, Licht, das von der Decke hängt. Außerdem haben die Menschen dort viele Geräte, von denen Lamia noch nie vorher etwas gehört hat.

Lamia denkt die ganze Zeit über dieses Deutschland nach. Wie mag es wohl sein, wenn es immer hell in der Hütte ist? Wie mag es sein, wenn man frühmorgens kein Wasser holen muss? Wie mag es sein, wenn man sich mit warmem Wasser waschen kann? Und wie muss es sein, wenn man nicht erst Feuerholz sammeln muss zum Kochen? Wie ist es wohl, wenn man einen Schrank hat, in dem alle Nahrungsmittel kühl bleiben? Wie mag es wohl sein, wenn man sich vor ein Gerät setzt, das bunte Bilder zeigt?

Lamia ist diese Welt fremd. Sie mag ihr Leben. Aber ein bisschen neugierig ist sie schon. Wie mag das Leben mit dem kostbaren Strom wohl sein?

Ein gutes Miteinander

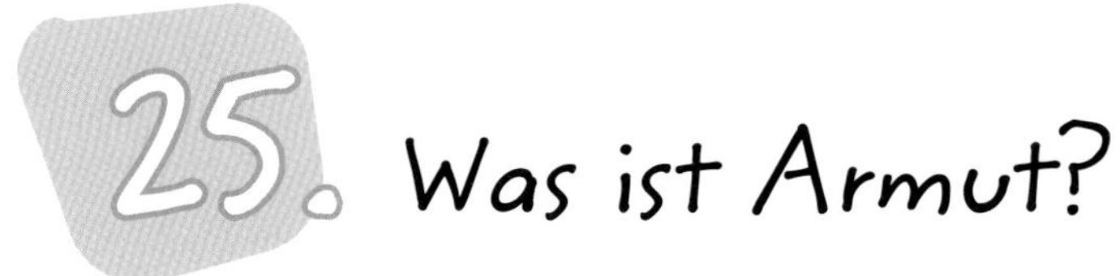

25. Was ist Armut?

Darum geht's

Den Begriff „Armut" bringen wir meist nur mit den sogenannten „Entwicklungsländern" in Verbindung. Vor unserem inneren Auge tauchen dabei meist Bilder von Kindern in Slums auf. Doch Armut betrifft nicht nur die Entwicklungsländer. Auch in unseren Industrienationen leben immer mehr Kinder in Armut. Umso wichtiger ist es, das Bewusstsein unserer Kinder auf diese Problematik zu lenken – natürlich auf kindgerechte Weise. Denn Veränderung kann nur dann stattfinden, wenn wir uns der Probleme bewusst sind. An dieser Stelle möchte ich Sie auch darauf hinweisen, dass sich per Definition Kinder bereits dann unterhalb der Armutsgrenze befinden, wenn das Einkommen der Eltern nicht reicht, um den Lebensunterhalt der Familie zu bestreiten. Demnach ist es möglich, dass sich auch in Ihrer Klasse Kinder befinden, auf die dies zutrifft. Wägen Sie in diesem Fall bitte sehr gut ab, wie und ob Sie diese Stunde durchführen möchten. Nichts liegt mir ferner, als Kinder auf ihre eigene Not aufmerksam zu machen und in etwaige Wunden zu stechen.

Kompetenzerwartungen

Die Kinder ...
- setzen sich mit der Thematik „Armut" auseinander,
- entwickeln eigenständige Ideen, um der Armut entgegenzuwirken.

Materialliste

- Fragebogen „Dein Leben" (S. 95)
- Kopiervorlage „Silvios Leben" (S. 96)
- Kopiervorlage „Lenas Leben" (S. 97)
- 2 Bogen Kopierpapier (DIN A3)

Das bereiten Sie vor

Kopieren Sie den Fragebogen im Klassensatz. Von den beiden anderen Kopiervorlagen (S. 96/97) benötigen Sie jeweils nur ein Exemplar auf DIN A3 vergrößert.

Stundenverlauf

Einstieg

Verteilen Sie die Fragebogen an die Kinder und geben Sie ihnen ausreichend Zeit zur Bearbeitung. Die Fragen dienen lediglich zur individuellen Auseinandersetzung mit der Thematik und sollten an dieser Stelle nicht im Klassenverband thematisiert werden.
Es geht hier viel mehr darum, die Kinder für die Thematik zu sensibilisieren und auf ihre eigenen Lebensumstände aufmerksam zu machen.

Arbeitsphase

Kommen Sie mit der Klasse im Sitzkreis zusammen. Zeigen Sie den Kindern die Bilder und lesen Sie den Text vor. Stellen Sie einen Stuhl in die Mitte.

Nacheinander dürfen hier Kinder freiwillig Platz nehmen und in die Rolle des jeweiligen des Protagonisten oder der Protagonistin schlüpfen. Die übrigen Kinder dürfen Silvio bzw. Lena Fragen stellen. Wer gerade auf dem „heißen Stuhl" sitzt, antwortet aus dieser Perspektive heraus.

Abschluss

Nutzen Sie den Stundenausklang, um das Thema mit den Kindern in ganz konkrete Bahnen zu lenken. Zunächst einmal dürfen die Kinder Parallelen zu ihrem eigenen Leben ziehen, bevor sie abschließend überlegen, was sie gemeinsam ganz konkret gegen Kinderarmut machen können (z. B. Mitmachen bei der „Aktion Kinder helfen Kindern" oder Unterstützung von Kinderhilfsorganisationen.)

Dein Leben

1. Lies dir die Fragen durch. Kreuze deine Antworten an.

	ja	**nein**	**vielleicht**
Hast du ein Zuhause?			
Gibt es in deinem Zuhause Wasser und Strom?			
Hat dein Zuhause eine Heizung?			
Hast du Kleidung?			
Hast du ein eigenes Bett?			
Hast du immer etwas zu essen?			
Musst du arbeiten gehen?			
Darfst du zur Schule gehen?			
Kannst du nach den Hausaufgaben spielen?			
Hast du eigene Spielsachen?			

2. Wie denkst du über dein Leben?

....

....

....

....

....

....

....

Silvios Leben

Es ist früh am Morgen, als Silvio nach Hause kommt. Er war die ganze Nacht unterwegs. Auf seinem Streifzug durch Sao Paulo, eine Stadt in Brasilien, hat Silvio gemeinsam mit seinen Freunden Brieftaschen gestohlen. Ein bisschen was ist dabei zusammengekommen. Davon konnte er sich endlich was zu essen kaufen.

Jetzt will Silvio nur noch eines: einen Schlafplatz finden. Doch in der Wohnung seiner Eltern ist heute kein Platz. Ein eigenes Bett hat Silvio nicht. Er legt sich immer einfach da hin, wo gerade etwas frei ist. Heute ist nichts frei. Das kann Silvio schon von Weitem sehen. Dann versucht er sein Glück einfach woanders …

Lenas Leben

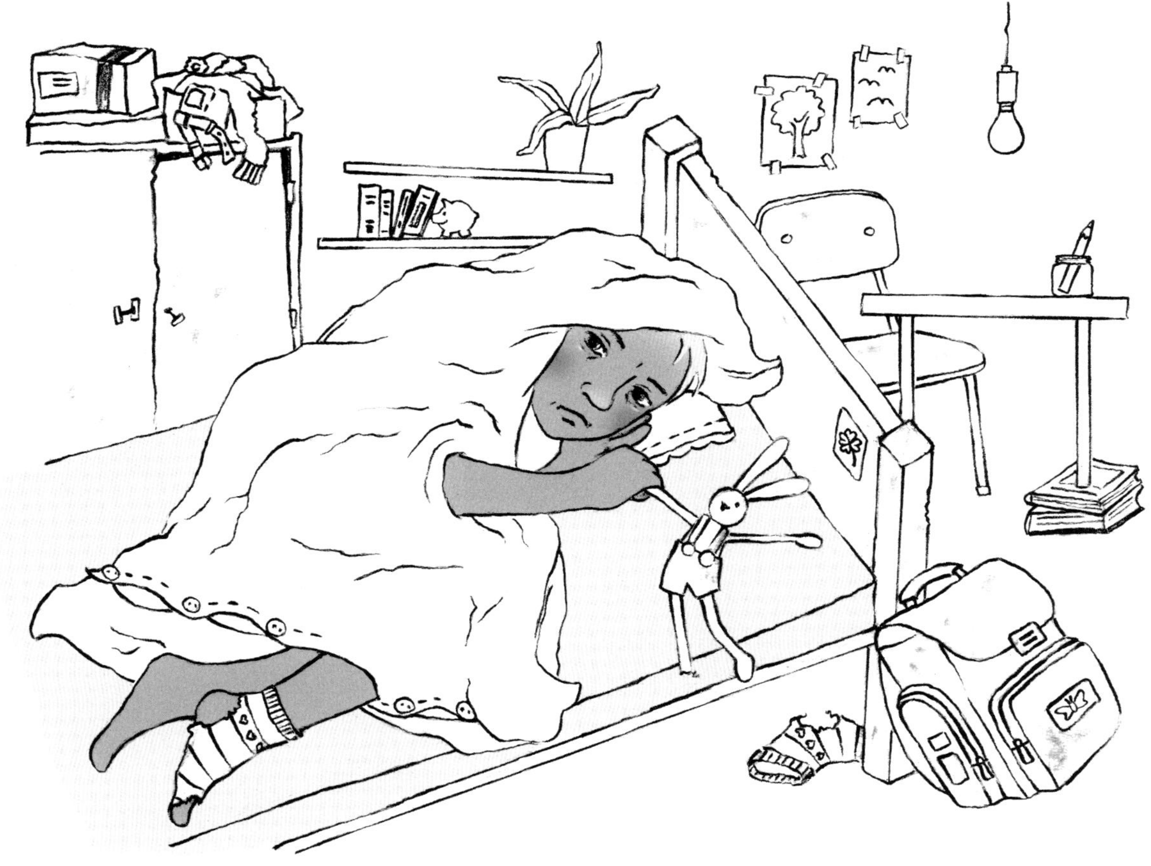

Eigentlich ist heute ein sehr schöner Tag. Lenas Klasse macht nämlich einen Ausflug in den Zoo. Doch Lena bereitet der Tag Bauchschmerzen. Sie hat ihren Eltern nichts von dem Ausflug erzählt. Lenas Angst war zu groß. Sie weiß, dass das Geld der Familie einfach nicht reicht. Oft können Mama und Papa die Rechnungen nicht bezahlen. Da will Lena nicht auch noch nach Geld fragen. Doch ohne Geld kann sie nicht mitfahren. Traurig zieht sich Lena die Decke über den Kopf. Sie wird sich heute einfach krankmelden.

Am besten bleibt sie einfach den ganzen Tag im Bett. Brot ist auch keines mehr da. Warum also aufstehen, wenn Lena eh nichts zu essen hat?

26. Hunger in der Welt

Darum geht's

Wissen Sie, was Hunger ist? Ich weiß es, ehrlich gesagt, nicht. Klar, wir alle hatten schon einmal Hunger, aber echten Hunger, den kennt der Großteil von uns Menschen in den Industrienationen nicht.

Umso wichtiger ist es, dass wir unseren Fokus auf das Thema richten. Immerhin steht es ganz oben auf der Agenda 2030, die auch in der deutschen Bildungslandschaft aktiv zur Etablierung der Nachhaltigkeit vorgesehen ist.

Mir ist bewusst, dass dieses Thema alles andere als leichte Kost ist. Mir ist auch klar, dass es einige Kinder nachhaltig beschäftigen wird. Doch ist es nicht unsere Pflicht, die Kinder auch auf unbequeme Themen aufmerksam zu machen? Schließlich kann Veränderung nur dann eintreten, wenn Licht auf Schattenthemen fällt.

Wenn Sie dies auch so sehen, lade ich Sie herzlich zur Durchführung der folgenden Stunde ein. Den Einstieg bildet ein kleines Experiment, bevor sich die Kinder der schwierigen Thematik öffnen.

Kompetenzerwartungen

Die Kinder ...

- wissen, dass viele Kinder auf diesem Planeten an Hunger leiden,
- überlegen, was sie aktiv tun können, um dem Hunger in der Welt entgegenzuwirken.

Materialliste

- 2 Butterkekse für je 3 Kinder
- Bildvorlage „Was ist Hunger?" (S. 100)

Das bereiten Sie vor

Vergrößern Sie die Bildvorlage auf DIN A3.

Stundenverlauf

Einstieg

Bilden Sie 3er-Gruppen in einem Sitzkreis. Verteilen Sie anschließend bitte die Kekse stillschweigend an die Kinder. Händigen Sie dabei einem Kind aus der 3er-Gruppe beide Kekse aus. Die anderen Kinder gehen leer aus. Beobachten Sie einfach, wie sich Ihre Klasse verhält, und erklären Sie Ihr Verhalten nicht, auch wenn sich das ein oder andere Kind beschwert, weil es ungerecht und unfair ist.

Erst wenn der Großteil der Kekse geteilt oder alleine gegessen wurde, können Sie Ihr „Experiment" aufklären. Dabei helfen Ihnen die folgenden Fragen:

- *Ich habe nur einem Kind aus jeder Gruppe Kekse gegeben. Wie war das für euch?*
- *Wie haben sich die Kinder gefühlt, die leer ausgegangen sind? Wie war es für die Kinder, die die Kekse bekommen haben?*
- *Was habt ihr mit den Keksen gemacht?*
- *Warum habt ihr sie geteilt, nicht geteilt?*

Arbeitsphase

Verweilen Sie weiterhin mit den Kindern im Sitzkreis. Erzählen Sie:
Ich habe dieses kleine Experiment mit euch durchgeführt, weil ich euch auf etwas aufmerksam machen wollte. Überall auf der Welt gibt es unzählige Kinder, die Hunger haben. Wir können uns das nur schlecht vorstellen, weil wir echten Hunger gar nicht kennen. Wir kennen Appetit. Wir kennen auch einen knurrenden Magen, wenn wir längere Zeit nichts gegessen haben. Aber wir wissen nicht, wie sich Hunger tatsächlich anfühlt. Wir wissen nicht, wie es ist, wenn wir tagelang nichts gegessen haben, weil wir nichts zu essen haben. Dieses Kind weiß es schon.

(Zeigen Sie den Kindern die Bildvorlage.)

26. Hunger in der Welt

Das ist nur eines der vielen Kinder, die gar nichts zu essen haben. Und wenn ich gar nichts sage, meine ich auch gar nichts.

Stellt euch vor, ihr könntet diesem Kind Fragen stellen. Was würdet ihr fragen?

(Führen Sie an dieser Frage die Technik der Bildbefragung durch: Die Kinder überlegen sich Fragen, stellen diese dem Plenum und versuchen, gemeinsam eine Antwort zu finden.)

Abschluss

Erzählen Sie den Kindern, dass es auf diesem Planeten eigentlich genug zu essen für alle Menschen gibt. Allerdings ist die Nahrung ungerecht verteilt. In den Industrienationen gibt es Lebensmittel im Überfluss. Doch in vielen Ländern haben die Menschen nicht genug zu essen. Überlegen Sie gemeinsam mit den Kindern, wie sie das Problem lösen würden. Richtig und Falsch gibt es an dieser Stelle nicht. Es geht vielmehr darum, die Kinder zu möglichen Lösungsansätzen zu motivieren, denn Veränderung kann immer nur dann eintreten, wenn uns ein Problem bewusst ist. Sofern wir fernab einer Hungersnot leben und nicht selbst davon betroffen sind, ist es immer schwer, Veränderungen in Gang zu bringen. Ich bin aber überzeugt, dass Ihre Klasse tolle Ideen entwickeln wird. Denkbar wäre beispielsweise, dass Sie mit den Kindern eine Hilfsorganisation unterstützen, die gezielt dem Hunger in der Welt entgegenwirkt. Die Kinder können einen Spendenlauf oder einen Basar auf die Beine stellen. Die Einnahmen kommen dann der Kinderhilfsorganisation zugute. Alternativ können Sie auch selbst eine Region auswählen, die besondere Unterstützung bedarf. Eventuell kennen die Kinder Familien, deren Heimatland Unterstützung benötigt.

Wenn Sie einen wertvollen Beitrag zur Nachhaltigkeit leisten wollen, dann nehmen Sie die Ideen Ihrer Klasse ernst und überlegen gemeinsam, was Sie tatsächlich umsetzen können. Kommen Sie anschließend gemeinsam ins TUN. Wenn Sie Ihrer Klasse zeigen, dass jede und jeder Einzelne einen Beitrag zur Nachhaltigkeit leisten kann, sind Sie das, was eine gute Lehrkraft ausmacht: ein echtes Vorbild.

Übrigens: Hunger gibt es nicht nur in den Entwicklungsländern. Auch bei uns in Deutschland leiden viele Menschen unter Hunger. Wenn Sie in einer Stadt wohnen, wäre es beispielsweise großartig, wenn Sie mit den Kindern Obdachlose unterstützen. Sie stillen damit nicht nur aktiv Hunger, sondern leisten auch einen wertvollen Beitrag für die Entwicklung der Kinder. So lernt Ihre Klasse nämlich, dass alle Menschen den gleichen Respekt verdient haben.

Was ist Hunger?

Frieden in der inneren und äußeren Welt

Darum geht's

Die Agenda 2030 für nachhaltige Entwicklung wurde 2015 von den Mitgliedsstaaten der Vereinten Nationen einstimmig verabschiedet. Ein wichtiger Bestandteil dieser Agenda konzentriert sich auf das Thema „Frieden". Doch was ist Frieden eigentlich und warum ist er so wichtig? Mithilfe einer Meditation gehen die Kinder diesen Fragen auf den Grund, denn echte Nachhaltigkeit beinhaltet immer auch den friedvollen Umgang miteinander.

Kompetenzerwartungen

Die Kinder ...

- entdecken ihren inneren Frieden,
- wissen um die Bedeutung von innerem und äußerem Frieden,
- erkennen, dass Frieden nicht selbstverständlich ist,
- schreiben ein Friedens-Elfchen.

Materialliste

Meditation „Frieden in mir" (S. 102)

Das bereiten Sie vor

–

Stundenverlauf

Einstieg

Bilden Sie einen Sitzkreis. Achten Sie auf ausreichend Platz zwischen den Kindern, sodass der individuelle Freiraum jedes Kindes gegeben ist. Erzählen Sie ihnen, dass es ohne Frieden und Gerechtigkeit keine nachhaltige Entwicklung geben kann. Deshalb erkunden Sie nun gemeinsam, was Frieden ist. Sobald jedes Kind einen Platz gefunden hat, führen Sie die Meditation (S. 102) durch. Achten Sie auf ein angemessenes Lesetempo, damit die Kinder Zeit haben, die Bilder auf ihre „innere Leinwand" zu projizieren.

Arbeitsphase

Besprechen Sie im Sitzkreis zunächst die Meditationserfahrungen:

- *Fiel es euch leicht, euch auf die Reise einzulassen, oder war das schwer?*
- *Was denkst du: Woran lag das?*
- *Wie hat sich der innere Raum angefühlt?*
- *Dieser Raum heißt „Raum des Friedens". Was könnte damit gemeint sein?*
- *Was bedeutet das Wort „Frieden" für euch?*

Erzählen Sie den Kindern, dass dieser Frieden nicht für alle Menschen selbstverständlich ist. Unzählige Menschen leben in ständiger Angst. Krieg, Verfolgung, Naturkatastrophen, Hungersnöte – all das behindert ihren inneren und äußeren Frieden. Doch auch wenn die Welt um uns herum in einem Sturm tobt, gibt es diesen inneren Raum des Friedens nach wie vor in uns. Um diesen mit guten Gedanken zu füllen, nehmen die Kinder nun ihre Sitzplätze wieder ein und schreiben ein Friedens-Elfchen:

Frieden
bringt Leichtigkeit
Frieden macht frei
Freude in meinem Herzen
Frieden

Abschluss

Geben Sie den Kindern Gelegenheit, ihr Elfchen vorzustellen, bevor Sie dann das Thema „Frieden" noch tiefer beleuchten: Ihr habt erfahren, dass sich viele Menschen nach Frieden sehnen. Manche verlassen sogar ihr Land, um in anderen Ländern Frieden zu finden. Auch bei uns leben inzwischen viele Flüchtlinge. Was können wir tun, um ihnen ihre Suche nach Frieden zu erleichtern? *(z. B. respektvoller, liebevoller Umgang, Empathie, Mitgefühl).*

Frieden in mir

Mache es dir auf deinem Platz ganz bequem. Achte darauf, dass du gemütlich sitzt. Finde einen passenden Platz für deine Arme und schließe deine Augen.

Wir werden nun gemeinsam in die Stille eintauchen. Dabei ist es wichtig, dass wir einander nicht stören. Deshalb bitte ich dich, in den nächsten Minuten ganz leise zu sein.

Atme nun einige Male tief ein und aus. Halte die Luft kurz an und atme dann wieder aus. Stelle dir beim Einatmen vor, wie kraftvolles Licht in deinen Körper strömt. Beim Ausatmen wird alles aus deinem Kopf und deinem restlichen Körper gespült, was dich belastet.

Lasse beim Ausatmen für eine Weile alles los, was du heute schon erlebt hast.

In dir gibt es einen Raum, der ganz alleine dir gehört. Diesen Raum kann niemand außer dir betreten. Lasse dich nun langsam in diesen Raum fallen. Ich zähle nun ganz langsam bis fünf. Bei jeder Zahl kommst du diesem Raum näher:

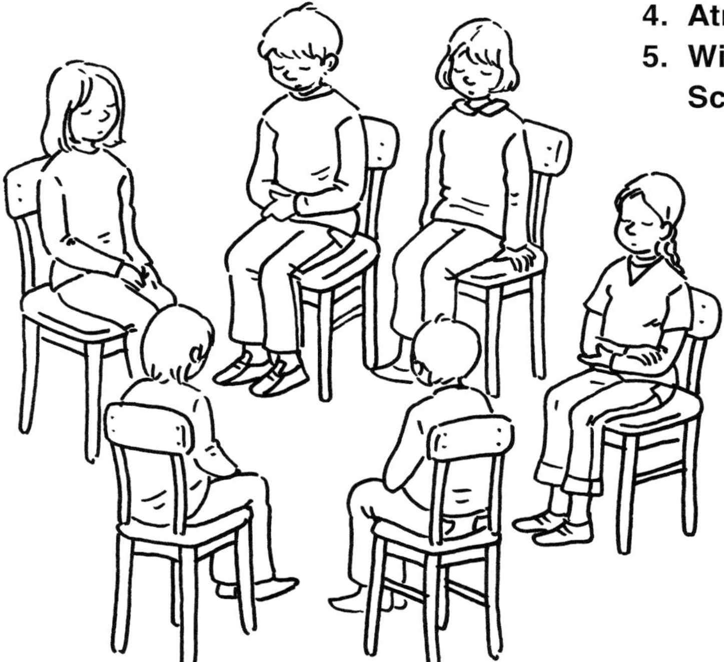

1. **Du bist jetzt ganz entspannt.**
2. **Du siehst den inneren Raum vor dir.**
3. **Du betrittst deinen inneren Raum.**
4. **Du sinkst tiefer in den Raum hinein. Das fühlt sich so gut an.**
5. **Du bist nun in mitten deines inneren Raumes angelangt.**

Schaue dich in deinem inneren Raum ganz in Ruhe um. In diesem Raum bist du absolut geschützt. Wohlige Geborgenheit macht sich breit.

Genieße diese wohlige Stille.
Genieße das Gefühl des Geborgenseins und Getragenseins.

Schaue dich in deinem inneren Raum des Friedens einmal ganz in Ruhe um. Was kannst du alles entdecken?

Nun wird es Zeit, zurückzukommen.

Ich zähle nun langsam bis fünf:

1. **Du spürst deinen Körper nun wieder deutlicher.**
2. **Atme tief ein und aus.**
3. **Recke und strecke dich.**
4. **Atme einige Male tief ein und aus.**
5. **Willkommen zurück. Schön, dass du wieder da bist!**

28. Alle Menschen sind wertvoll

Darum geht's

In dieser Stunde dreht sich alles um die Individualität. Die Kinder erkennen, dass jeder Mensch auf seine Weise einzigartig ist. Nur, wenn den Kindern diese Tatsache bewusst ist, können sie die Andersartigkeit eines jeden anderen Menschen akzeptieren und tolerieren. Doch bevor dieser wichtige Baustein der Nachhaltigkeit im Alltag aktiv umgesetzt werden kann, ist eine Auseinandersetzung mit dem eigenen Ich unabdingbar. Dazu lädt die Stunde Sie und Ihre Klasse ein.

Kompetenzerwartungen

Die Kinder …
- bauen ihr Selbstwertgefühl auf,
- erkennen, dass jeder Mensch wertvoll ist,
- respektieren die Einzigartigkeit anderer.

Materialliste

- Kopiervorlage „Das bin ich" (S. 104)
- Faltanleitung „Mein Mini-Buch" (S. 105/106)

Für jedes Kind:
- 1 Spiegel
- 1 Bogen Kopierpapier (DIN A3)

Das bereiten Sie vor

Vergrößern Sie die Kopiervorlage auf DIN A3 und fertigen Sie für jedes Kind eine Kopie an. Kopieren Sie die Faltanleitung ebenfalls im Klassensatz.

Stundenverlauf

Einstieg

Verteilen Sie die Spiegel an die Kinder. Erzählen Sie ihnen, dass Sie ihnen heute einen ganz besonderen Schatz zeigen möchten.

Dieser Schatz ist auf seine Weise ganz besonders. Nun dürfen die Kinder in den Spiegel schauen und den Schatz entdecken. Wer mag, darf sich anschließend dazu äußern:
- *Wie fühlt es sich an, ein Schatz zu sein?*
- *Denkt ihr auch so über euch?*

Arbeitsphase

Erzählen Sie den Kindern, dass jeder Mensch wertvoll ist. Damit wir jedoch die Einzigartigkeit eines jeden erkennen und wertschätzen können, ist es wichtig, uns zunächst selbst toll zu finden – und zwar mit allen Ecken und Kanten. Nur so kann echte Nachhaltigkeit im Sinne eines empathischen und respektvollen Miteinanders entstehen. Händigen Sie den Kindern die Kopiervorlage sowie die zugehörige Faltanleitung aus. Gemäß der Anleitung stellen die Kinder ein Mini-Buch her und füllen die einzelnen Seiten anschließend mit Inhalt. Dies kann sowohl auf zeichnerischer als auch auf schriftlicher Ebene erfolgen.

Abschluss

Kommen Sie mit Ihrer Klasse im Sitzkreis zusammen. Wer mag, darf sein Mini-Buch hier präsentieren.

Machen Sie die Kinder anschließend darauf aufmerksam, dass jeder Mensch einzigartig und auf seine individuelle Art und Weise wertvoll ist. Diese Vielfalt macht unsere Welt bunt. Nutzen Sie dazu die folgenden Impulse:
- *Jedes Kind hat ein ganz eigenes Buch. Dabei gleicht kein Buch dem anderen. Woran könnte das liegen?*
- *Wie denkt ihr darüber, dass jede und jeder einzigartig ist?*
- *Wenn jeder Mensch einzigartig ist, sehen wir nicht nur unterschiedlich aus. Wir haben auch andere Fähigkeiten, Wünsche, Hoffnungen und Träume. Wir denken auch auf unsere besondere Art und Weise. Was bedeutet das für den Umgang mit anderen Menschen?*

Das bin ich

Das kann ich gut:

Das mag ich an mir:

Das kann ich nicht so gut:

So sehe ich aus:

Das esse ich gerne:

MEIN ICH-BUCH

Das Buch gehört: ....

Meine Hobbys:

Wenn ich groß bin, will ich:

Mein Mini-Buch (1/2)

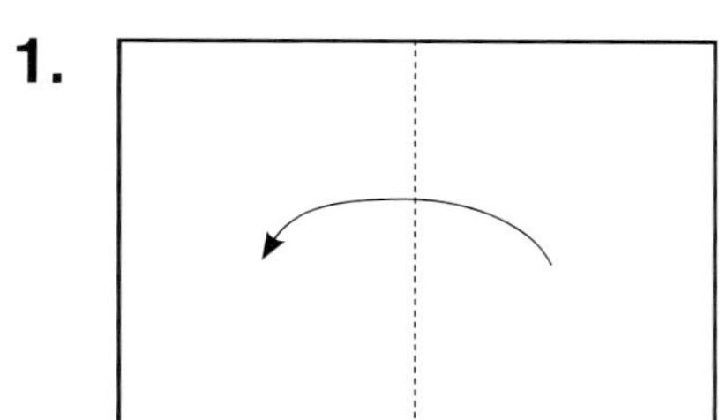

1. Lege das Blatt quer vor dich hin.
   Die bedruckte Seite ist unten.
   Falte das Blatt in der Mitte.
   Lege dazu die rechte Kante auf die linke.

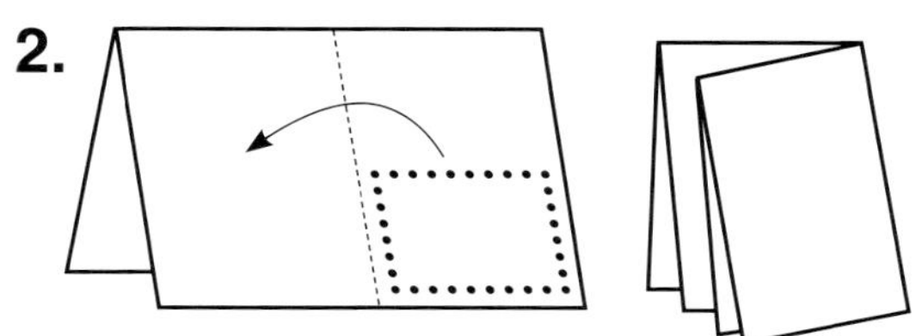

2. Drehe das Blatt ins Querformat.
   Die Öffnung zeigt nach unten.
   Falte das Blatt in der Mitte.
   Lege dazu die rechte Kante auf die linke.

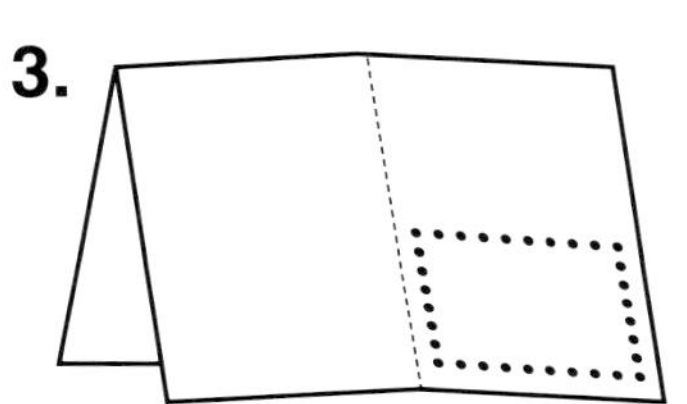

3. Falte das Blatt einmal wieder auf.
   Die Öffnung ist immer noch unten.

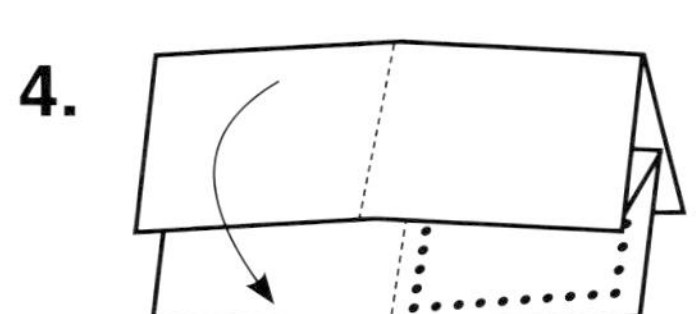

4. Falte die Oberkante auf die Unterkante.
   Klappe dann das Blatt wieder ganz auf.
   Lege das Blatt quer vor dich hin.
   Die bedruckte Seite ist unten.

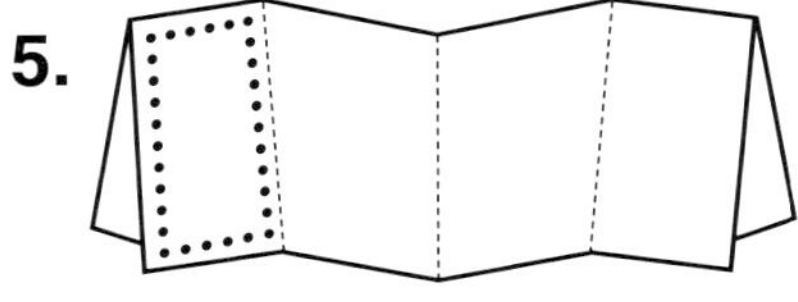

5. Falte die Oberkante auf die Unterkante.
   Falte die Felder zu einer Zickzacklinie.

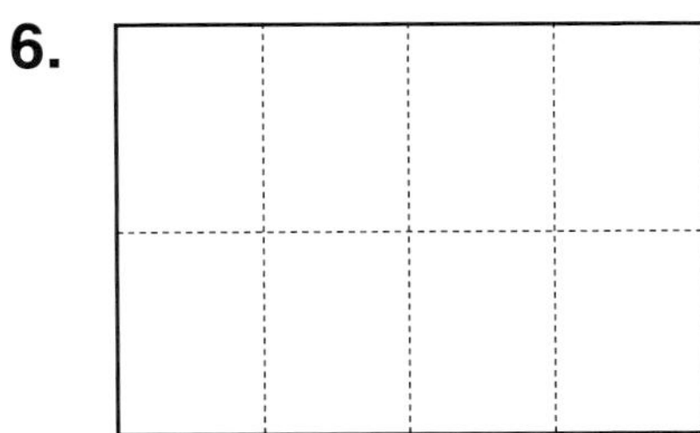

6. Falte das Blatt wieder auf.
   Es sind nun 8 senkrechte Felder zu sehen.
   Die bedruckte Seite ist wieder unten.

Mein Mini-Buch (2/2)

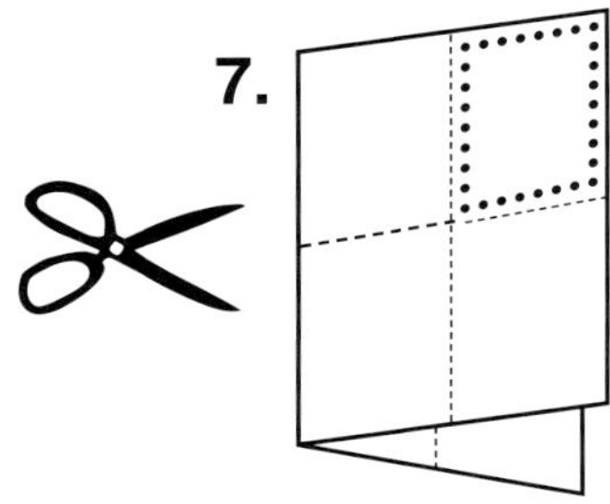

7. Falte den linken Seitenrand auf den rechten.
Schneide die Falte in der Mitte entlang der gestrichelten Linie ein.

8. Falte das Blatt auf.
Die bedruckte Seite ist unten.
In der Mitte ist ein waagerechter Schlitz.

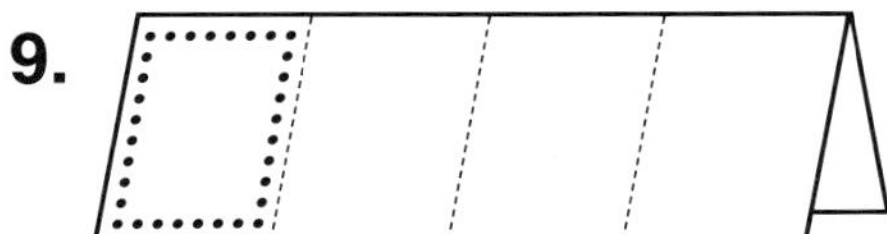

9. Falte die Oberkante auf die Unterkante.

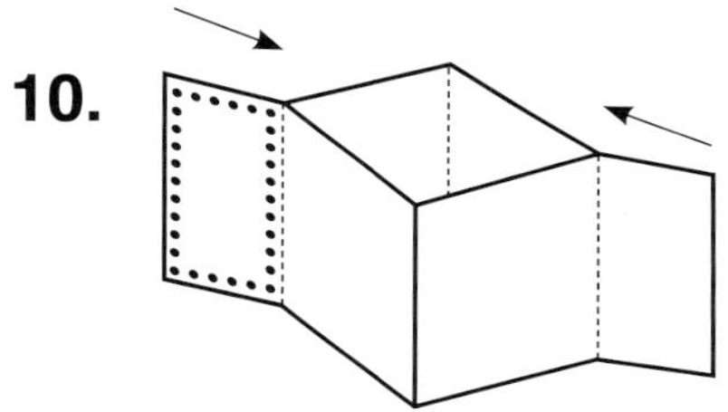

10. Schiebe den linken und den rechten Seitenrand gegeneinander.
In der Mitte öffnet sich ein Viereck.

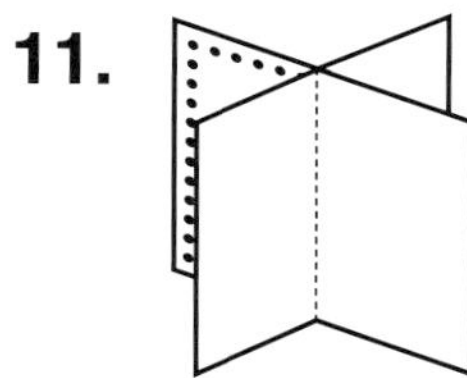

11. Schiebe die Seitenränder weiter zur Mitte. Die Oberkanten bilden nun ein Kreuz.

12. Falte die Seiten so um, dass das Titelbild deines Büchleins obenauf liegt.

Nun kannst du dein Büchlein lesen und gestalten. Viel Spaß!

29. Tiere sind auch ein Teil der Gemeinschaft

Darum geht's

Auf den ersten Blick hat unser Umgang mit Tieren vielleicht nicht viel mit Nachhaltigkeit zu tun. Doch bedenkt man, dass wir Seite an Seite mit Wild-, Haus- und Nutztieren leben, so wird schnell klar: Auch sie sind Teil unserer Erde und haben ein Recht darauf, fair und respektvoll behandelt zu werden. Echte Nachhaltigkeit beinhaltet nämlich immer auch die Aspekte des Mitgefühls, der Toleranz und Empathie. Mir ist das Thema eine persönliche Herzensangelegenheit. Deshalb möchte ich Sie dabei unterstützen, Ihre Klasse auf dem Weg zu mehr Tierwohl zu begleiten.

Kompetenzerwartungen

Die Kinder …
- denken über ihre Einstellung zu Tieren nach,
- erkennen, dass auch Tiere Gefühle haben und einen respektvollen Umgang verdient haben.

Materialliste

Vorlesetext „Schwein gehabt“ (S. 108)

Das bereiten Sie vor

–

Stundenverlauf

Einstieg

Zeichnen Sie folgende Tabelle an die Tafel. Die Kinder übertragen diese in ihr Heft oder auf ein Blatt Papier und füllen sie mit Inhalt.

Diese Tiere mag ich:	Diese Tiere mag ich nicht:
⋮	⋮

Geben Sie den Kindern ca. fünf Minuten Zeit, bevor Sie sich auf fünf Tiere pro Spalte einigen und diese an der Tafel notieren. Lassen Sie die Tabelle zunächst unkommentiert und wenden Sie sich der Arbeitsphase zu.

Arbeitsphase

Lesen Sie die Geschichte auf S. 108 vor.
Nutzen Sie anschließend diese Fragen zur Besprechung:
- *Warum haben Sunny und Freddy Angst, als sie in den Hänger steigen?*
- *Wie geht der Mann mit den beiden um?*
- *Was, glaubst du, denken die beiden Schweine während der Fahrt?*
- *Was erwartet Sunny und Freddy am Ende der Fahrt?*
- *Nicht alle Tiere haben so viel „Schwein“ wie Sunny und Freddy. Viele Tiere leben in Deutschland in engen Ställen. Viele Schweine, Hühner, Gänse, Kühe kennen kein Gras unter ihren Füßen oder Hufen.*
  Wie denkt ihr darüber?
- *Findet ihr es okay, dass wir Tiere auf diese Weise behandeln?*
- *Welchen Umgang wünscht ihr euch?*

Abschluss

Gehen Sie auf die Einstiegs-Tabelle ein. Erinnern Sie die Kinder daran, dass sie Tiere genannt haben, die sie nicht mögen. Hat sich daran etwas geändert? Machen Sie ihnen deutlich, dass auch diese Tiere einen respektvollen Umgang verdient haben. Nur weil wir eine Spinne vielleicht als eklig empfinden, heißt das nicht, dass sie kein Recht auf ein würdevolles Leben hat. Wer weiß, was diese Tiere über uns Menschen denken?

Machen Sie die Kinder auf Tierschutzprojekte in ihrer Nähe aufmerksam. Vielleicht finden Sie gemeinsam eine Möglichkeit, für mehr Tierwohl einzutreten?

Schwein gehabt

Zitternd betreten Schwein Sunny und Ferkel Freddy die Laderampe.
„Rein da!“, herrscht der fremde Mann Freddy an, als das Ferkel vor lauter Angst laut schreit.
Sunny versucht, ihr Baby zu beruhigen.
„Ich bin bei dir, mein Schatz. Uns wird schon nichts geschehen“, ermutigt sie Freddy, ihr endlich in den Hänger zu folgen.
Sunny kennt die Menschen inzwischen ziemlich gut. Man sollte als Schwein niemals den Fehler begehen und etwas anderes machen, als die Menschen wollen. Sonst können sie sehr gemein und grob werden. Sunny hofft inständig, dass es ihr und ihrem Sohn nicht so gehen mag, wie den anderen Schweinen, die in solche Hänger gestiegen sind. All ihre Freunde sind niemals zurückgekommen. Aber Sunny weiß, dass es dieses Mal irgendwie anders ist, und so schnell gibt Sunny die Hoffnung nicht auf.

Während der langen Fahrt werden Sunny und Freddy ganz schön durchgeschüttelt. Es schaukelt und ruckelt die gesamte Zeit und nirgendwo finden die beiden Halt.
Um Freddy abzulenken, erzählt ihm Sunny von einem tollen Leben. Sunny kennt dieses Leben auf grünen Weiden mit ordentlichen Matschbergen und frischer Luft zwar auch nur aus Erzählungen, aber sie versucht, diese so lebendig wie möglich zu beschreiben.
Sunny und Freddy kennen nur eine große Halle mit engen Boxen, die Tag und Nacht von schrillem Neonlicht ausgeleuchtet sind. Dort haben die beiden ihr gesamtes Leben verbracht. Umso erstaunter ist Freddy nun, als er von einem ganz anderen Leben hört.
„Was ist denn Regen?“, will Freddy wissen, als Sunny dieses Phänomen erwähnt.
„So genau weiß ich das auch nicht, aber es soll sich toll anfühlen“, erklärt Sunny mit strahlenden Augen.
„Und dann gibt es auch noch etwas, das heißt Sonne“, fügt sie lächelnd hinzu. „Das soll die Haut schön wärmen.“

Freddy ist verwirrt. „Aber wo waren denn die Sonne und der Regen die ganze Zeit?“, will das kleine Ferkel wissen. „Beides war immer da. Wir haben es aber in der großen Halle nie sehen können“, erklärt Sunny mit trauriger Stimme.

Plötzlich ruckelt es mehr als sonst. Das Auto hält an. Kurze Zeit später wird der Hänger geöffnet.
Sunny und Freddy trauen ihren Augen kaum.
Sie blicken geradewegs auf eine riesige Wiese mit einem ordentlichen Matschberg. Neugierig werden die beiden von zahlreichen Schweinen begrüßt.
„Willkommen, Neuankömmlinge!“, rufen die Schweine freudig.
Während Sunny und Freddy zu ihnen laufen, spürt Freddy etwas Warmes und etwas Kaltes auf seinem Rücken.
„Mama, sieh nur! Die Sonne scheint und es regnet!“, jauchzt Freddy. Sunny grinst, während sie sich zum ersten Mal in ihrem Leben im himmlischen Matsch suhlt: „Ja, da haben wir wohl Schwein gehabt.“

30. Secondhand-Tiere

Darum geht's

Seit 2020 hat sich die Zahl der Haustiere in Deutschland fast verdoppelt. Züchter*innen haben inzwischen ellenlange Wartelisten und der illegale Welpenhandel boomt. Doch müssen Hund oder Katze immer von einem*einer Züchter*in kommen? Mit dieser Frage setzen sich die Kinder aktiv auseinander.

Kompetenzerwartungen

Die Kinder …
- wissen, was Tierschutz-Tiere sind,
- erkennen, dass jedes Leben wertvoll ist.

Materialliste

- Bildvorlage „Welcher Hund darf's sein?" (S. 110)
- Arbeitsblatt „Tiere aus zweiter Hand" (S. 111)
- Kopierpapier in DIN A3

Das bereiten Sie vor

Vergrößern Sie die Bildvorlage auf DIN A3. Schneiden Sie anschließend beide Bilder auseinander. Fertigen Sie für jedes Kind eine Kopie des Arbeitsblatts an.

Stundenverlauf

Einstieg

Teilen Sie den Klassenraum in zwei Hälften. Legen Sie auf einer Seite das Bild mit den Hundewelpen aus. Auf der anderen Seite positionieren Sie bitte das Bild von den Tierheimhunden. Erzählen Sie den Kindern:
Schaut euch beide Bilder in Ruhe an.
Stellt euch anschließend vor, ihr dürftet euch einen der Hunde aussuchen. Für welchen Hund würdet ihr euch entscheiden? Stellt euch dann bitte auf die Seite, an der das Bild liegt.

Die Kinder aus beiden „Lagern" tauschen sich nun untereinander aus:
Warum haben sie sich für dieses Bild entschieden?
Was versprechen sich die Mädchen und Jungen von diesen Hunden?

Lassen Sie die Kinder hier ruhig völlige Freiheiten. Greifen Sie nicht in das Gespräch ein und lassen Sie alle Meinungen unkommentiert stehen.

Arbeitsphase

Sobald die Kinder ihre Sitzplätze wieder eingenommen haben, erhalten sie das Arbeitsblatt. Die Kinder lesen zunächst den kurzen Informationstext und beantworten die Fragen. Vergleichen Sie anschließend die Ergebnisse im Plenum.

Abschluss

Erinnern Sie die Kinder an die Einstiegsphase. Hier haben die Kinder Position bezogen. Hat sich daran etwas geändert? Auf freiwilliger Basis dürfen sich die Kinder dazu äußern.

Machen Sie ihnen deutlich, dass kein Tier aufgrund seiner Herkunft besser oder schlechter ist. Erfahrungsgemäß kann ich Ihnen versichern, dass Tierschutz-Tiere durch ihre Erfahrungen geprägt sind. Allerdings ist die Arbeit, die man in diese Beziehung investiert, durchaus lohnenswert. Und letztendlich profitieren beide davon: Tier und Mensch. Schließlich ist jedes Leben wertvoll.

Besonders schön ist es natürlich, wenn Sie im Anschluss mit Ihrer Klasse einen Ausflug ins Tierheim unternehmen.

Welcher Hund darf's sein?

© Evgeny Bakhchev – Shutterstock.com

© Kseniya Resphoto – Shutterstock.com

Tiere aus zweiter Hand

Lena möchte unbedingt einen Hund. Ihre Freundin Samira wünscht sich eine Katze. Die beiden sitzen im Garten und überlegen, wie sie zu ihrem Haustier kommen können. Samira möchte eine Katze aus dem Tierheim. Lena will ihren Hund lieber von einem Züchter oder einer Züchterin. Schließlich will sie unbedingt einen Welpen.

Ein Züchter oder eine Züchterin züchtet Hunde. Er oder sie bringt ihnen alles bei, was sie über das Leben bei den Menschen wissen müssen. Gregor hört das Gespräch der beiden. Schau, was er dazu sagt:

Was ist ein Züchter oder eine Züchterin?

....

Warum will Lena einen Hund von einem Züchter oder einer Züchterin?

....

Wie denkt Lena über Tierheim-Tiere?

....

....

Wie denkt Samira über Tiere aus dem Tierheim?

....

....

Wie denkst du über Tierheim-Tiere?

....

....

....

....

Medientipps

Iven, Wiebke:
Wir werden eine plastikfreie Klasse!
Plastik vermeiden und Müll reduzieren.
Ein Ideengeber mit direkt einsetzbaren Kopiervorlagen.
Klasse 3–6.
Verlag an der Ruhr, 2019.
ISBN 978-3-8346-4179-3

Kurt, Aline:
25 x Sachunterricht für 45 Minuten – Klasse 3/4.
Fertige Stunden: Strom, Wasser, Wald, Verkehrserziehung, Medienkonsum.
Verlag an der Ruhr, 2020.
ISBN 978-3-8346-4421-3

Kurt, Aline:
DANKE! 100 Lobkärtchen für ein gutes soziales Miteinander.
Klasse 1–6.
Verlag an der Ruhr, 2020.
ISBN 978-3-8346-4423-7

Mittelstädt, Holger:
Warum unsere Bienen wichtig sind.
Unterrichtsmaterialien für die Grundschule.
Klasse 3–4.
Verlag an der Ruhr, 2020.
ISBN 978-3-8346-4298-1

Redaktionsteam Verlag an der Ruhr:
Klick und los! Digitale Unterrichtseinheiten.
Müll im Meer.
Sachunterricht digital – Klasse 3/4.
Verlag an der Ruhr, 2020.
ISBN 978-3-8346-4466-4

Wölfel, Simone:
Unsere Giraffen-Kartei.
Kinder üben selbstständig gewaltfreie Kommunikation mit der Giraffensprache. In 4 Schritten Konflikte lösen.
Klasse 2–4.
Verlag an der Ruhr, 2020.
ISBN 978-3-8346-4429-9